CONSTANT TONNELIER

Orar 15 dias com SANTA TERESINHA

EDITORA SANTUÁRIO
Aparecida-SP

Dados Internacionais de Catalogação na Publicação (CIP)
(Câmara Brasileira do Livro, SP, Brasil)

Tonnelier, Constant
Orar 15 dias com Santa Teresinha / Constant Tonnelier; | tradução Ivo Montanhese |. — Aparecida, SP: Editora Santuário, 1997.

Título original: Prier 15 jours avec Thérèse de Lisieux.
ISBN 85-7200-478-5

1. Meditações 2. Teresa do Menino Jesus, Santa, 1873-1897 I. Título.

97-2247 CDD-282.092

Índices para catálogo sistemático:
1. Santas: Igreja Católica: Biografia 282.092

Título original: *Prier 15 jours avec Thérèse de Lisieux*

ISBN 2-85313-219-6

Tradução de Pe. Ivo Montanhese, C.Ss.R.

Composição, impressão e acabamento:
EDITORA SANTUÁRIO - Rua Padre Claro Monteiro, 342
Fone: (12) 3104-2000 — 12570-000 — Aparecida-SP.

Ano: 2008 2007 2006 2005
Edição: **10 9 8 7 6 5**

INTRODUÇÃO

Estamos em pleno I Centenário da morte de S. Teresinha de Lisieux, mais conhecida como S. Teresinha do Menino Jesus e da Sagrada Face.

Há um esforço muito grande em todas as editoras de proporcionar aos devotos da padroeira das missões o melhor da teologia e da literatura sobre ela.

A *Editora Santuário* teve a feliz idéia de publicar o livro do Pe. Constant Tonnelier: *Orar 15 dias com Santa Teresinha*. No ambiente espiritual, o autor, capelão do Carmelo, é bastante conhecido; amante da espiritualidade carmelitana, difunde a doutrina dos grandes místicos do Carmelo: Teresa de Jesus e João da Cruz.

O autor, escolhendo textos apropriados, leva o leitor a um conhecimento da doutrina da santa através da oração e da meditação.

Embora não seja um livro exaustivo sobre a oração de S. Teresinha, vale a pena fazer deste pequeno livro um amigo na nossa oração com S. Teresa do Menino Jesus.

São jornadas de oração com a mestra, a carmelita de 24 anos de idade, que soube deixar para o mundo uma doutrina genial e profunda sobre a santidade e a misericórdia de Deus apresentando para todas as almas pequeninas o caminho da infância espiritual.

O Pe. Constant, com a pedagogia que lhe é própria, toma-nos pela mão e nos conduz ao conhecimento cada vez maior do jeito da oração teresiana.

Muitas pessoas, acostumadas a uma visão intimista e, quem sabe, devocionista de S. Teresinha, não sabem colher toda a força de fermento e de novidade presente na *História de uma alma* e de outros escritos.

Este livro ajuda a descobrir toda a grandeza da pequena e grande Teresa, da futura doutora da Igreja, que só queria ser doutora na "ciência do amor".

Quero portanto parabenizar a *Editora Santuário* por esta iniciativa e que possa continuar a publicar livros que ajudam o cristão a crescer na sua fé e no seu amor a Deus e à Virgem Maria.

Frei Patrício Sciadini, O.C.D.

PREFÁCIO

Pontos de referência sobre Santa Teresinha do Menino Jesus

Era o dia 30 de setembro, mais ou menos entre 19 e 20 horas, Teresinha deixa seu Carmelo e sua terra de Lisieux num êxtase de amor: "Não morro; entro para a Vida".

Tinha apenas 24 anos.

Quem é esta pequena normanda que continua a brilhar no mundo?

Maria Francisca Teresa Martin nasceu no dia 2 de janeiro de 1873, em Alençon, na Normandia, França, no lar formado por Luís Martin e Zélia Guérin.

O pai tinha uma loja de relógios e de bijuterias; a mãe era uma verdadeira artista na confecção de rendas, o célebre "ponto de Alençon". Última de nove irmãos, quatro dos quais morreram ainda pequenos. Foi levada à pia batismal, num sábado, no dia 4 de janeiro, na igreja de Notre-Dame de Alençon.

De saúde muito delicada, ganhou forças com a ajuda de uma ama da zona rural.

Aos quatro anos passou por uma dura provação, a morte de sua mãezinha, no dia

28 de agosto de 1877. Ela escolheu sua irmã Paulina como sua segunda mãe. Alguns meses mais tarde, toda a família foi morar em "Buissonnets", em Lisieux. É aí que ela fica conhecendo o Carmelo e sua capela.

A entrada de sua irmã Paulina para o Carmelo, no dia 2 de outubro de 1882, é um forte apelo para Teresinha seguir o exemplo da irmã mais velha. No dia da profissão religiosa de Paulina, Teresinha faz sua primeira comunhão (8 de maio de 1884) e alguns dias mais tarde (14 de junho de 1884) recebe o sacramento da crisma. Sua irmã Maria, por sua vez, entra para o Carmelo de Lisieux no dia 15 de outubro de 1886, enquanto Leônia procura seu caminho. O caráter infantil de Teresinha desconcerta um pouco os que a rodeiam. E eis que na noite de Natal de 1886, *"a graça da conversão"* toca Teresinha, a graça de se livrar da infantilidade: *"Nesta noite luminosa, Jesus, o doce menino, de repente... tornou-me forte e corajosa, ele me revestiu com suas armas e depois dessa noite bendita não fui vencida em nenhum combate, mas... comecei, por assim dizer, uma corrida de gigante"* (MsA, 44v.). *"Teresinha havia encontrado a força da alma... e é para sempre que ela a deve conservar"* (MsA, 45r.).

O chamado do Carmelo ressoava cada vez mais forte em seu coração; mas sua pouca idade constituía um obstáculo que as autoridades responsáveis não estavam dispostas a remover. Teresinha irá mesmo até falar com o Papa Leão XIII. Quando parecia que tudo estava perdido, o Bispo dá a licença alguns dias depois do Natal de 1887. Teresinha entrará no Carmelo no dia 9 de abril de 1888, durante o tempo pascal. Tinha 15 anos e três meses. Coisa admirável para os nossos tempos!

Antes de florirem as rosas, Teresinha deverá sentir as picadas de seus espinhos. Embora reencontre suas duas irmãs, Paulina e Maria, Teresinha respeitará o rigor da vida monástica. Sofrerá bastante com a perda da razão de seu pai. Sua correspondência com sua irmã Celina revela bastante como ela é provada pelo sofrimento. Após ter conhecido uma grande aridez, Teresinha faz sua profissão religiosa num clima de grande paz, no dia 8 de setembro de 1890, na festa da Natividade da Virgem Maria. Quatro anos mais tarde, aparecem os primeiros sintomas do mal que deverá vitimá-la. Embora a morte do senhor Martin a abale em sua afeição filial (29 de julho de 1894), uma alegria profunda é-lhe dada quando Celina, por sua vez, entra no

Carmelo no dia 14 de setembro de 1894, na festa da Santa Cruz.

Caminho de Teresinha, caminho de sofrimentos, pequena via da infância espiritual, entrega de todo seu ser ao amor misericordioso do Senhor, combate da fé, horas de dolorosas securas, via toda dedicada ao amor, no coração da Igreja. Nove anos de caminhada carmelitana que encontrarão eco muito além dos muros do Carmelo de Lisieux.

Maria Martin (Irmã Maria do Sagrado Coração) foi extremamente inspirada ao conseguir a redação das lembranças da infância de Teresinha e ao obter suas confidências sobre sua "doutrina", a "pequena via".

Paulina Martin (Madre Inês de Jesus), priora do Carmelo, ordena à Irmã Teresinha do Menino Jesus da Sagrada Face que escreva suas recordações da infância. Com 22 anos de idade, em 1895, Teresinha redige o *Manuscrito A* e se oferece espontaneamente ao amor misericordioso de seu Senhor.

O mal que mina Teresinha manifesta-se por um vômito de sangue durante a noite da Sexta-feira Santa de 1896. Começo que abre para Teresinha a provação mais dura que a acompanhará até sua morte: a provação da fé. No outono de 1896, escreve o *Manuscrito*

B dedicado a Jesus e à sua Irmã Maria do Sagrado Coração. Em meados do mês de julho de 1987, a pedido da madre Maria Gonzaga, conclui suas recordações no *Manuscrito C* e revela todo o seu íntimo nos *Últimos Colóquios*.

Irmã Teresinha do Menino Jesus e da Sagrada Face concluiu sua páscoa na noite de 30 de setembro de 1897, rodeada de suas irmãs do Carmelo de Lisieux. Tudo está consumado. Mas também tudo começa.

O sepulcro de Teresinha no cemitério de Lisieux torna-se lugar de peregrinação. No outono de 1898 aparece a *História de uma Alma* (os manuscritos um tanto remanejados de Teresinha). O Carmelo de Lisieux torna-se mundialmente conhecido. O processo canônico para a beatificação de Teresinha começa em 1910. Teresinha do Menino Jesus é beatificada por Pio XI em 29 de abril de 1923 e declarada santa no dia 17 de maio de 1925.

Os espinhos desapareceram. Agora, Teresinha faz cair "as pétalas de rosas" sobre a terra, como graças obtidas do Senhor por sua intercessão. No começo de 1937, foi benzida a basílica de Lisieux. Será sagrada em julho de 1954. Teresinha protege seu Carmelo dos bombardeios de 1944, do mesmo modo que protegerá o Seminário da Missão da França, ela que em toda a sua vida foi uma missionária.

A publicação dos manuscritos originais que inspiraram a *História de uma Alma* revela o verdadeiro rosto de santa Teresinha do Menino Jesus e da Sagrada Face: uma santa para todos os tempos, cuja mensagem é um eco do Evangelho de Jesus vivenciado diariamente nas noites da fé, no cadinho do sofrimento, no dom do amor. Na monotonia ordinária da vida, Teresinha escreveu pela graça a sublimidade do amor que tudo transfigura.

"Viver de Amor é viver de tua vida, Rei glorioso... é olhar a Cruz como um tesouro... é doar-se sem medida... é banir toda a lembrança das faltas do passado... é navegar sem parar, semeando a paz, a alegria em todos os corações... Amar-te, Jesus, que perda fecunda... Quisera cantar ao sair deste mundo: 'Eu morro de Amor' " (PN 17).

REFERÊNCIAS E SIGLAS

Os textos teresianos são tirados de *Oeuvres complètes* de Thérèse de Lisieux (Cerf-DDB 1992).

CT 168	= *Carta* 168
MsA, 45v.	= *Manuscrito A*, 45 verso.
MsB, 5r.	= *Manuscrito B*, 5 frente.
MsC, 16v.	= *Manuscrito C*, 16 verso.
O.C., p. 72	= *Oeuvres complètes*, p. 72.
PN 17	= *Poésie* 17.
DE, 3.7.2	= *Derniers entretiens*, 3 de julho, palavra 2.
C.S.G.	= *Conseils et Souvenirs*, Irmã Genoveva.
R.P. 3	= terceira *Recréation Pieuse*. (teatro)
Cf.	= textos citados não literalmente.

CAMINHADA DE QUEM É PEQUENINO NUM CAMINHO DE AMOR E DE SANTIDADE

Por que o caminho de Teresinha não seria também o nosso?

Caminhar segurando a mão de quem nos conduz, para ganhar pouco a pouco segurança, para exercitar-nos no caminho da santidade que é o caminho do amor. Sem dúvida o Pai "nos escolheu em Cristo, para sermos em amor santos e imaculados a seus olhos" (Ef 1,4). Ele nos reconciliou consigo para nos apresentar como santos na sua presença (cf. Cl 1,22). O Deus que é todo santidade quer-nos santos, à sua imagem, para nos introduzir em seu reino de santidade, no término da caminhada.

Teresinha de Lisieux sentiu vibrar dentro de seu coração o desejo da santidade. Deixou que se desenvolvesse em seu coração, até fazer de sua vida uma oferenda de amor. Como criancinha, amou com toda a confiança. Como criancinha, ela se deixou amar.

Caminho de santidade de Teresinha que passou pelo cadinho do sofrimento, pelo abandono de si mesma e pelo ofertório do dia-a-dia, tudo em união com o grande ofertório de Jesus, o mistério da Eucaristia.

Caminho de amor que Teresinha descobriu na leitura das Escrituras (1Cor 13). Caminho de amor que irá fazer a unidade de sua vida. *"Entendi que o Amor é tudo... Minha vocação, enfim, eu a encontrei, minha vocação é o Amor... no Coração da Igreja, minha Mãe, eu serei o Amor... assim serei tudo"* (MsB, 3v.).

Nossa santidade será não uma cópia da santidade de Teresinha, mas aquela que Deus quer realizar em nós, através da liberdade de nosso amor. Isso não impede que o caminho de santidade de Teresinha seja para nós um guia, uma luz, uma esperança.

Crer no amor, como criancinha, estar no amor para viver de amor, chegar ao término da caminhada para ser consumados no amor, essa será nossa caminhada nesta terra rumo ao mundo novo.

"Quem vencer herdará estas coisas e serei seu Deus e ele será meu filho" (Ap 21,7).

FASCINADA POR JESUS, SOL DO AMOR

Ó meu Jesus, eu te amo, amo a Igreja minha mãe, recordando-me que "a menor ação de puro amor é mais útil para ela do que todas as outras obras reunidas"; mas o puro amor estaria em meu coração?... Meus imensos desejos não são eles... um sonho, uma loucura?... Ah! se assim for, Jesus, ilumina-me, tu o sabes, eu busco a verdade... se meus desejos são temerários, faze-os desaparecer, pois esses desejos são para mim o maior dos martírios... Entretanto, eu o sinto, Jesus, se depois de ter aspirado subir às regiões mais elevadas do Amor, se não me for dado atingi-las um dia, terei gozado maior doçura em meu martírio e na minha loucura do que poderia experimentar em meio às alegrias da pátria, a menos que, por um milagre, tu não me tirasses a lembrança das minhas esperanças terrestres. Deixa-me então gozar, durante meu exílio, as delícias do amor. Deixa-me saborear as doces amarguras de meu martírio...

Jesus, Jesus, se é tão delicioso o desejo de te Amar, como será o possuir, o gozar o Amor?

Como pode uma alma tão imperfeita como a minha aspirar a possuir a plenitude do Amor?...

Ó Jesus, meu primeiro, meu único Amigo, tu a quem UNICAMENTE amo, dize-me que mistério é este? Por que não reservas essas imensas aspirações às grandes almas, às Águias que pairam nas alturas?... Considero-me um frágil passarinho coberto apenas por tênue penugem. Não sou nenhuma águia; de águia tenho apenas os olhos e o coração pois que, apesar de minha pequenez extrema ouso fixar o Sol Divino, o Sol do Amor, e meu coração sente em si todas as aspirações da Águia... O pequeno pássaro quisera voar em direção do brilhante Sol que encanta seus olhos, quisera imitar as águias suas irmãs que vê elevarem-se até a fornalha Divina da Trindade Santa... mas ah! tudo o que pode fazer é elevar suas asinhas, mas alçar vôo, isso não está em seu poder. Mas que haverá de acontecer? morrerá de pesar vendo-se tão impotente?... Oh! não! o pequeno pássaro não vai... nem mesmo se afligir. Num audacioso abandono, quer continuar fixando seu Divino Sol; nada conseguirá amedrontá-lo, nem o vento, nem a chuva, e se escuras nuvens encobrirem o Astro de Amor, o pequeno pássaro não se afasta de seu lugar, pois sabe que para além das nuvens seu Sol sempre está brilhando, que seu brilho não será eclipsado um só instante (O.C., p. 229-230) (MsB, 4 v.-5 r.).

Nas estradas humanas não faltam luzes brilhantes querendo prender nosso olhar. E pode ser que o seu brilho seja de tal modo vivo que nos faça parar no caminho da vida. *"O Rei da Pátria do Sol brilhante veio viver 33 anos na terra das trevas e as trevas não compreenderam que esse Divino Rei era a luz do mundo."* (MsC, 5v.-6r.) Mas "*para além das nuvens, o Divino Sol brilha sempre*". É necessário que creiamos nisso mesmo nas horas mais sombrias. "De todo o coração, busco teu favor", Jesus (Sl 119,58). Somente seu olhar luminoso pode atrair o nosso. Somente sua maravilhosa beleza pode seduzir, cativar, fascinar. É o momento de captar os raios da luz que com suas reverberações revelam a verdadeira fonte da luz, Jesus ressuscitado. Mas como alcançar a fonte luminosa tão viva? Como chegar até ela?

O pequeno pássaro, frágil bolinha de penas, não consegue se elevar às alturas. Em nossa pequenez e somente por nossas forças, como poderíamos nós atingir as realidades das alturas? Mas é justamente na fraqueza do que é pequeno que se manifesta a força lá do alto, e na humilde confiança do que é pequeno que o poderio do amor do Senhor realiza sua obra.

O pequeno pássaro *"conservará os olhos fixos em ti, ele quer ser fascinado por teu olhar divino, ele quer se tornar presa de teu Amor"* (MsB, 5v.). "Ele quer", não à força do braço, mas pela força do amor que habita seu coração. O amor clama por amor. Amor reconhecido, amor acolhido no fundo de si mesmo. Amor que se torna dom de si mesmo como uma resposta de amor. Amor que nasce da vontade por escolha, pois que "o rosto do Senhor se ilumina para nós" (cf. Sl 67). Amor sempre crescente, se nós soubermos pedir a Jesus *"que nos atraia para as chamas de seu amor"* (MsC, 35v.).

O pequenino pássaro quer ser fascinado, cativado e ofuscado pelo sol do amor, Jesus. Mas não seria isso loucura, temeridade, desejos impossíveis? Tu colocas no coração de teus filhos, Senhor, esta sede de te amar. Ninguém vive o puro amor; mas pode ver nascer em si o seu desejo. "O desejo de te amar" é portador de alegria, enquanto que o amor morno causa desgosto. Tu nos fizeste para tua alegria, para a alegria de amar; se a aflição surge, ela é sinal de alarme para recomeçar a caminhada das alturas, fascinado pela luz da glória.

E como subir novamente até as alturas? Levando consigo as aspirações da águia, tendo olhos e coração de águia. Os olhos penetrantes que a luz atrai e fascina. O coração vigoroso que permite tomar o impulso rumo às alturas e voar direto para a fonte de luz. O vôo majestoso que torna fácil todo o percurso sem cansaço.

Somente o olhar interior, irradiado pela fé, fará descobrir *"a fornalha divina da Trindade Santa"*, pois que em nós o Senhor fez sua morada. Somente o coração que pulsa de amor por Deus encontrará força e vigor para crescer no amor até descobrir o amor. Somente aquele que se apóia no Senhor pode prosseguir na rota com perseverança.

Sem cessar, é preciso "voltar os olhos para o Senhor e esperar nele" (cf. Mq 7,7), para sermos libertados de todas as nossas impotências que nos prendem ao solo. O pardal não conhece os grandes vôos da águia, mas é feliz com seus próprios vôos. Os pardais da santidade não se assemelham aos heróis da santidade. Mas cada um vive na luz do amor, conforme seu próprio degrau de amor. O frágil passarinho pode conhecer, ele também, a imensidade do amor. Maravilhas que o Senhor realizou no coração daquela que se chama a si mesma de a "pequena Teresa", tendo os olhos, o coração e o impulso do "puro amor". Caminho que a nós se oferece em nossa pequenez, em nossas fragilidades e que chegará às alturas "se nos deixarmos seduzir" (cf. Jr 20,7) pelo divino sol, se percebemos em nós a atração irresistível de seu amor.

Não admira que o pequeno pássaro não abandone seu lugar. Para ser fascinado não é preciso estar imóvel, de modo a ser cativado pelo brilho de seu olhar? Seres inconstantes como somos, como poderemos nós ser fascinados? Não há dúvida que a constância e a perseverança fazem parte da ascese do caminho da vida. Ascese indispensável para se firmar no amor, para se deixar seduzir e para ser cativado por Jesus, a verdadeira luz, "para dirigir nossos passos para o caminho da paz" (Lc 1,79), luz do novo mundo (cf. Ap 21,23).

Aquele que permanece em seu posto, na estrada que é a sua, na Igreja, haverá sempre de se encontrar, mais cedo ou mais tarde, com seu sol, Jesus, o divino sol, dele recebendo um novo impulso de amor. E este impulso de amor repercutirá sobre a Igreja, permitindo-lhe ser "reflexo" do sol de amor, fonte fascinante da luz e do amor que se eleva e leva para as alturas.

PEQUENINA FLOR DE AMOR, APESAR DOS RIGORES DO TEMPO

Quanto mais avançamos na vida, mais amamos Jesus, e como é nele que nós nos amamos, eis por que nossa afeição torna-se tão forte, que é mais unidade que união o que existe entre nossas duas almas!... Celina, que preciso dizer-te ainda, não sabes tudo?... Sim, mas quero dizer-te porque as celinas floriram muito mais cedo este ano. Jesus me fez sentir isso por tua festa nesta manhã. Tu sem dúvida notaste que jamais o inverno fora tão rigoroso como no ano passado, e por isso todas as flores demoraram a aparecer, e isso foi tudo natural e ninguém pensou em estranhar. Mas existe uma florzinha misteriosa que Jesus reservou para dar uma lição a nossas almas. Esta flor é a flor "celina". Ao contrário das outras, ela desabro-

chou um mês antes da época de sua floração... Celina, compreendes a linguagem de minha florzinha querida... a flor de minha infância... a flor de minhas recordações?... As geadas, o rigor do inverno, em lugar de retardá-la fizeram-na crescer e desabrochar... Ninguém prestou atenção, esta flor é tão pequena, tão pouco vistosa. Somente as abelhas conhecem os tesouros que seu misterioso cálice encerra, composto de uma multidão de pequenos cálices tão ricos, tanto uns como os outros... Teresinha, como as abelhas, compreendeu este mistério. O inverno é o sofrimento, o sofrimento incompreendido, desconhecido, olhado como inútil por olhos profanos, mas fecundo e poderoso aos olhos de Jesus e dos Anjos que, como abelhas vigilantes, sabem recolher o mel contido nos misteriosos e múltiplos cálices que representam as almas ou antes os filhos da virginal florzinha... Celina, seriam necessários vários volumes para eu escrever tudo o que penso sobre minha florzinha... Para mim ela é bem a imagem de tua alma, sim, Jesus fez passar as geadas sobre ela em lugar do calor do sol de suas consolações; mas o efeito esperado por ele foi produtivo; a plantinha cresceu e floriu, quase que de uma só vez... Celina, quando uma flor desabrocha, nada mais resta senão colhê-la; mas quando e como Jesus colherá sua florzinha?... Talvez a cor rosada de sua corola indique que será pelo martírio!... Ah! sinto o meu desejo renascer..., talvez Jesus queira efetivamente, depois de ter-nos pedido por assim dizer amor por amor, pedir-nos sangue por sangue e vida por vida. Nesse momento ele deixa as abelhas colher todo o mel dos pequenos cálices, sem nada guardar, dar tudo a Jesus e em seguida nós diremos, como a flor no entardecer de nossas vidas: "A tarde, eis a tarde". Então tudo estará terminado... E às geadas sucederão os doces raios do Sol, às lágrimas de Jesus os sorrisos eternos... (CT 132, para Celina, O.C., p. 443-444).

Quem jamais se queixou do rigor do tempo, quando tudo, de repente, paralisa a vida? Quem jamais se queixou do rigor do tempo, como se outras épocas, antes da nossa, não tivessem conhecido pesadas provações? Quem não procura traços e vislumbres de vida nas horas sombrias? Quanto mais nos fechamos nas sombras, menos estamos disponíveis ao calor e à claridade da luz. Esta é a hora de ouvir que "quem anda nas trevas, sem raio de luz, ponha a confiança no nome do Senhor e se apóie em seu Deus" (Is 50,10). Apoiados no Senhor, no cajado de sua cruz, sinal de esperança, recuperaremos a confiança para superar os rigores da vida, o frio e as noites de inverno. É que a florzinha do amor é de extrema fragilidade. *"Se o bom Deus não tivesse prodigalizado seus benéficos raios à sua pequenina flor, jamais ela se aclimataria à terra;... seus favores... Jesus permitiu que ela os encontrasse mesmo sob a neve da provação"* (MsA, 13 v.).

Entretanto como é desconcertante a provação na caminhada. Quer se abata de repente, quer dure mais tempo, e tudo pareça parar. Gostaríamos tanto que tudo passasse bem depressa. Precisamos tempo para superar a provação, percebendo ou não o seu sentido. Como a neve protege as plantas que cobre, a provação, vivida na confiança, não destrói a vida, nem destrói a frágil plantinha que somos nós. "Guarda o amor e o direito e espera sempre em teu Deus" (Os 12,7) para sair do rigor da provação.

O amor foi-nos dado até ao extremo por Jesus em sua cruz. *"A florzinha não desabro-*

cha senão à sombra da Cruz" (MsA, 71r.), a árvore da vida. O sono da morte era o prelúdio para a vida de ressurreição. O sono do inverno, do rigor das provações do tempo, desabrochará na floração de vida. Mas a experiência das estações não leva necessariamente à experiência humana e espiritual. E, afinal, não estamos sempre sós na provação? Ninguém presta atenção na flor tão pequena e pouco vistosa que somos nós. Ninguém mesmo? Não, tu Senhor, prestas atenção, tu que me dizes: "Não temas, fala e não te cales. Porque eu estou contigo" (At 18,9). Mas tu te escondes sob a neve das provações. "Depositei minha confiança em teu amor" (Sl 13,6), torno-me capaz de me abrir para o amor transformador do Senhor que fará derreter a neve da provação. E a camada às vezes é tão espessa que um longo tempo é necessário. Somente o amor pode tornar-nos agradáveis a Deus, o único bem que se pode ambicionar (cf. MsB, 1r.). Somente o amor permite superar o sofrimento, inútil e vão para quem não tem a fé e o sentido da vida em Deus. O sofrimento não seria como uma forma de morte com sua falta de sentido? No cálice da flor vêm as abelhas colher o néctar para fabricar seu mel tonificante. Na corola machucada de nosso coração, de nossa vida, o Senhor vem recolher tudo aquilo que ele encontra de belo e de bom, enquanto que nós nada aí percebemos de valioso.

Florzinha que sou e não árvore majestosa da floresta. Florzinha frágil, sujeita aos acasos do tempo, mas também aberta para o divino sol do amor.

Florzinha para a alegria do Senhor. *"A florzinha desabrocha à sombra da cruz; as lágrimas, o sangue de Jesus tornam-se seu orvalho e seu sol é a face Adorável velada de prantos"* (MsA, 71 v.).

Florzinha que sou, florzinha que descobre teu poder e a profundidade do teu amor nos sofrimentos da cruz. Lágrimas de dor, mas lágrimas fecundas. Sol do amor velado, mas sempre ardente sol de amor, luz transformadora.

Florzinha em meio de outras flores que conhecem também elas a friagem e a neve da provação. E quando uma desperta e desabrocha é como um apelo feito a todas as outras para se abrirem ao orvalho da cruz e ao cálido sol de Jesus.

Como Teresinha e Celina nós podemos viver a unidade pela comunhão na prova, na esperança e fruto de vida. Mas é preciso aceitar ser uma florzinha que um pé maldoso poderá ferir e esmagar, e que uma mão amorosa e fraterna poderá endireitar e curar. "Basta minha graça porque é na fraqueza que a força chega à perfeição. Portanto prefiro gloriar-me das minhas fraquezas para que habite em mim a força de Cristo" (2Cor 12,9). Fraco por mim e forte por ti, isso é que sou. Aliás, *"quanto mais somos fracos, sem desejos nem virtudes, tanto mais estamos prontos para as ações deste Amor consumador e transformante"* (CT 197). É a condição necessária para crescer e florir rapidamente. Assim compreenderemos que tudo em nós é obra de Deus. Mas se não estivermos abertos à força do amor de Jesus, a florzinha perecerá.

A florzinha em seu pleno desenvolvimento está destinada para ser colhida pelo divino jardineiro. *"Jesus virá buscar-nos e, por mais longe que estivermos, haverá de nos transformar em chama de amor"* (CT 197).

No entardecer da vida, haverá o tempo da messe e da colheita de Deus. Última tarde, sol que põe para se abrir novamente no dia sem fim, iluminado por Jesus, sol do Amor.

"Enxugará as lágrimas de seus olhos e a morte já não existirá nem haverá luto nem pranto nem fadiga, porque tudo isso já passou" (Ap 21,4). A florzinha alegrará o céu de Deus, no meio de seus irmãos e irmãs, no coração a coração com seu Senhor.

Enquanto isso a caminhada da vida continua. Trata-se de haurir a seiva vivificante da cruz, *"de nada se reservar, de tudo dar a Jesus"*. Então na corola de nosso coração, de nossa vida, Jesus colherá o mel de nosso amor, *"de sua pequenina flor de amor"*.

AVANÇAR NO CAMINHO DA PERFEIÇÃO

Agradece muito ao bom Deus todas as graças que ele te faz e não sejas tão ingrata, não as reconhecendo. Tu me pareces uma camponesinha que um rei poderoso viesse pedir em casamento, e que não ousasse aceitar sob pretexto que não é suficientemente rica nem afeita aos costumes da corte, sem refletir que seu real noivo conhece sua pobreza e sua debilidade muito mais do que ela mesma...

Maria, se não és nada lembra-te que Jesus é tudo; é preciso perder teu pequeno nada no seu infinito tudo, e em nada mais pensar que neste tudo, único que merece ser amado... Nem tampouco se deve desejar ver os frutos de teus esforços; Jesus se agrada de reservar para ele só esses pequenos nadas que o consolam... Tu te enganas, minha querida, se crês que tua Teresinha caminha sempre com ardor no caminho da virtude; ela é fraca, e todos os dias ela o experimenta de novo. Maria, Jesus se alegra em ensinar-lhe, como a São Paulo, a ciência de se gloriar em suas enfermidades; essa é uma grande graça, e peço que Jesus o ensine a ti, pois somente nisso se encontra a paz e o repouso do coração; quando nos vemos tão miseráveis, já não podemos nos levar em conta, e olhamos apenas para o único Bem-Amado!...

Minha querida Maria, quanto a mim não conheço outro meio para chegar à perfeição a não ser "o Amor"... Amar, como nosso coração foi feito para isso!... Às vezes procuro uma outra palavra para expressar o amor, mas nesta terra de exílio as palavras são incapazes de exprimir todas as vibrações da alma, e por isso ficamos com esta palavra apenas: "Amar!..."

Mas a quem nosso pobre coração faminto de amor poderá dar todo o seu amor?... Ah! quem seria bastante grande para isso... um ser humano poderia compreendê-lo... sobretudo saberia amar assim?... Maria, não há senão um ser que possa compreender a profundeza desta palavra: Amar!... Não há ninguém, a não ser nosso Jesus, que saiba darnos infinitamente mais do que nós damos... (CT 109, para Maria Guérin, O.C., p. 414-415).

"A perfeição não é deste mundo." Esse provérbio não está aqui para nos fechar em nossa mediocridade. Se vivemos neste mundo, não somos deste mundo. Somos criados para o mundo de Deus. Mas para aí chegar, é preciso caminhar e avançar, dia após dia, no caminho da perfeição que é o Amor.

Em marcha nós estamos. Comecemos por reconhecer todas as parcelas de amor que foram balizando nossa caminhada. *"Vosso amor me antecedeu desde minha infância, cresceu comigo, e agora é um abismo cuja profundeza não posso sondar. O amor atrai o amor... o meu se lança impetuosamente para vós..."* (MsC, 34v.-35v.). Ler e reler os dons maravilhosos que o Senhor nos fez, como é fortalecedor e ocasião de reconhecimento. Ele nos amou primeiro. Descobrindo-o, fui levada a corresponder ao seu amor. Descoberta progressiva ou descoberta fulgurante, mas descoberta que sempre tem um amanhã; crescer no amor recebido e no amor doação. A ingratidão não tem sentido para quem avança no caminho da perfeição.

No entanto a fraqueza está sempre à espreita para desencorajar-me e deter. Não sou de modo algum um gigante de perfeição. *"Sou apenas uma criança, impotente e fraca, todavia é minha própria fraqueza que me dá a audácia de me oferecer como vítima a teu amor, ó Jesus"* (MsB, 3v.).

Melhor do que eu, Senhor, tu sabes, tu conheces minha fraqueza, minhas fraquezas. Tu me convidas, contudo, a avançar. Minha caminhada para a frente é obra tua. *"Não me importo vendo que sou a própria fraqueza, ao contrário, é nela que me glorio e sei que cada dia irei descobrir em mim novas imperfeições"* (MsC, 15r.). Não sou nada, por minhas próprias forças. Tu, Jesus, tu és tudo. Então, em ti me perco. Em teu *"infinito tudo"*, torno-me capaz de progredir no amor. Pois é isto mesmo que me ordenas: "Amarás o Senhor teu Deus, com todo o coração, com toda a alma, com todas as forças" (Dt 6,5). "Tudo", enquanto que eu nada sou, enquanto que eu sou pecador. O pecado, no meu caminho, poderia deter-me, desencorajar-me, levando-me a dizer para mim mesmo: "Nunca chegarás a coisa nenhuma". Mas eis que Teresinha nos empurra para a frente: *"Quando cometo uma falta que me entristece, digo ao bom Deus: Meu Deus, sei que este sentimento de tristeza eu o mereci, mas deixai que, apesar de tudo, eu o ofereça a vós, como uma provação que me enviais por amor. Lastimo meu pecado, mas fico contente de ter este sofrimento para vos oferecer"* (DE, 3.7.2).

Nesse profundo arrependimento, nessa constatação de minha fraqueza, o melhor é que eu mergulhe na fonte de amor do bem-amado que jorra da cruz, para ser vivificado no amor. *"O amor, sabendo tirar proveito de tudo, rapidamente consumiu o que poderia desagradar a Jesus, nada mais deixando que uma humilde e profunda paz no coração"* (MsA, 83 r). O arrependimento seria estéril se não se abrisse para o amor.

Um pai, uma mãe encorajam seu filhinho vendo os esforços que ele faz. Isto é para ele um estímulo. No caminho da perfeição, não espero o fruto de meus esforços. Aliás, que faria sem ti? O grande esforço para avançar em tua direçao, todos esses pequenos nadas que às vezes me parecem tão importantes, é por ti, Senhor, que os faço. Se me concedes perceber seus frutos, agradeço-te. Que isto me estimule. Mas, se os queres guardar em segredo, da mesma maneira ofereço-os a ti. Não és tu o *"o divino mendigo de amor!"*

Será que amar-te verdadeiramente não seria o mesmo que aceitar a gratuidade do amor? Tu, que és o amor, tu que não és senão amor "leva-me contigo" (Ct 1,4). Conduze-me pelo caminho da perfeição do amor.

Como os heróis da santidade conheceram seus limites, suas pobrezas, também eu conheço as minhas. É junto de ti, num contato contigo, Jesus, que as descubro ainda mais. Tu me fazes também a graça de ouvir um apelo: "Acima de tudo, revesti-vos da caridade, que é vínculo da perfeição" (Cl 3,14). Se devo olhar onde piso, tu me convidas a unir-me a ti, o único Bem-Amado. Teu olhar de amor fixado sobre mim, meu olhar de amor voltado para ti, essa é a segurança que tenho de estar no caminho certo, o caminho da perfeição. Tu me chamas a seguir "todos os teus caminhos, amando e servindo ao Senhor teu Deus" (Dt 10,12). Tu aí estás, *"divino Mendigo do amor"*, *"que pede hospitalidade e que diz "obrigado", pedindo sempre mais à medida que recebe"* (CT 172). O que me faz falta é *"a ciência do amor"*, uma vez que o amor é a dinâmica da caminhada bem como o seu termo. *"A tal ponto compreendo que somente o amor nos pode tornar agradáveis ao Bom Deus, que esse amor é o único bem que ambiciono"* (CT 196).

Amar, sentimento das profundezas do coração humano que se expressa na comunhão das pessoas, na intimidade dum casal unido pelo casamento, ou no relacionamento duma amizade sadia e verdadeira. Pois todos somos feitos para amar. E não poderia ser diferente, pois fomos criados à imagem e à semelhança daquele que é o Amor, que não é senão amor.

O amor exige de nós um dom total e uma acolhida do outro humilde e confiante. Amar, uma palavra única, palavra que jamais poderá transmitir todas as nossas vibrações interiores. Amar, uma palavra única que jamais se contentaria com se apropriar do outro como se fosse um objeto. Pois o amor é dom e acolhida de dom e não posse do outro. O amor é tudo. Qualquer que seja nossa vocação na Igreja, o apelo de Jesus chega até nós: "Se alguém vem a mim e tem mais amor ao pai, à mãe, à mulher, aos filhos, aos irmãos, às irmãs... não pode ser meu discípulo" (Lc 14,26).

O caminho da perfeição exige que demos preferência ao amor por Jesus, no qual todo amor humano encontrará depois seu caminho. Para viver o amor, é preciso entregar-se à própria a fonte de amor, Jesus. Somente ele amou até ao extremo do amor para nele nos vivificar. Somente ele se dá na plenitude do amor para nos conduzir à perfeição: ao face-a-face do amor no eterno hoje do Senhor.

O CAMINHO DE ABANDONO DO PEQUENINO

Não creias que eu nade entre consolações, oh! não! minha consolação é não ter consolação sobre a terra. Sem se mostrar, sem fazer ouvir sua voz, Jesus me instrui secretamente, não por meio de livros, pois não compreendo o que leio, mas às vezes uma palavra que me veio no final da oração (tendo ficado no silêncio e na aridez) vem me consolar: "Eis o Mestre que te dou, ele te ensinará tudo o que deves fazer. Quero fazer-te ler no livro da vida, onde está contida a ciência do Amor". A ciência do amor, ah! sim, esta palavra ressoa docemente aos ouvidos de minha alma; não desejo senão essa ciência; tendo dado por ela todas as minhas riquezas, como a esposa dos cânticos dos cânticos, julgo nada ter dado... Compreendo tão bem que somente o amor nos pode fazer agradáveis a Deus, que esse amor é o único bem que ambiciono. Jesus se compraz em mostrar-me o único caminho que conduz a esta fornalha Divina, este caminho é o abandono da criancinha que repousa sem medo nos braços de seu Pai...

"Se alguém é pequenino, que venha a mim", disse o Espírito Santo pela boca de Salomão, e esse mesmo Espírito de Amor disse ainda que "a misericórdia é concedida aos pequeninos". Em seu nome o profeta Isaías revela que no último dia "o Senhor conduzirá seu rebanho às pastagens, que reunirá os cordeirinhos e os apertará contra o peito", e como se todas essas promessas não fossem suficientes, o mesmo profeta, cujo olhar inspirado penetrava as profundezas eternas, clamava em nome do Senhor: "Como a mãe acaricia seu filhinho, assim eu vos consolarei, vos levarei em meus braços e vos embalarei sobre meus joelhos". Ó Madrinha querida, depois de semelhante linguagem, só nos resta calar, chorar de reconhecimento e de amor... Ah! se todas as almas fracas e imperfeitas sentissem o que sente a menor de todas, a alma de tua

Teresinha, nem uma só perderia a esperança de chegar ao cume da montanha do amor, porque Jesus não pede grandes ações, mas somente abandono e reconhecimento.

"Oferecei a Deus sacrifícios de louvores e ações de graças." Eis tudo o que Jesus nos pede; ele não tem necessidade de nossas obras, mas somente de nosso amor, pois esse mesmo Deus que declara não precisar dizer-nos que tem fome não teve receio de mendigar da Samaritana um pouco de água. Tinha sede... Mas dizendo: "dá-me de beber", era o amor de sua pobre criatura que o Criador do universo reclamava. Tinha sede de amor... Ah! Eu compreendo mais do que nunca, Jesus tem sede, ele somente encontra ingratidão e indiferença entre os discípulos do mundo e entre seus próprios discipulos ele encontra, que pena!, poucos corações que se entreguem a ele sem reserva, que compreendam toda a ternura de seu Amor infinito (CT 196, para a Irmã Maria do S.C., O.C., pp. 549- 551).

O abandono, as coisas pequenas, eis o que nos choca, a nós que nos julgamos responsáveis e adultos. É como se devêssemos renunciar a tudo que somos ou nos tornamos. Compreendamos bem que o Senhor não nos convocaria para um caminho que não servisse para nosso crescimento. A nós compete decifrar a linguagem e a mística que nos oferece. A nós compete adquirir a ciência do amor para penetrar no verdadeiro conhecimento. A nós compete antes de mais nada deixar que ele nos instrua.

O abandono do pequenino se aprende não em livros, mas no segredo do coração, e o mestre é o próprio Jesus. A experiência da vida é esclarecedora. Aqueles apresentados a Jesus um dia, em seu caminho, eram pequeninos, bebês, criancinhas de peito nos braços de suas mães (cf. Lc 18,15). Que poderiam fazer senão chorar? Incomodavam, e por isso os discípulos queriam afastá-los. Nos braços de suas mães sentiam-se seguros, num doce abandono, totalmente confiantes. Ele, Jesus, os abençoava. O abandono, a entrega de todo o nosso ser, o esvaziamento de nós mesmos, com olhares de amor e de conivência que se trocam, eis o caminho pelo qual devemos avançar.

A ciência do amor está inscrita no livro de minha vida. Preciso decifrar os sinais. As consolações são dadas aos pequeninos, para que continuem o seu caminho nas horas mais difíceis. Mas para forjar um caráter, para construir uma personalidade, é preciso às vezes chorar sem receber consolação: *"Minha consolação é não ter consolação sobre a terra"*.

Como a criança vive o abandono? No amor que sente em sua mãe ou em seu pai. Os gestos, a voz, o olhar que traduzem o amor produzem a confiança e o abandono. A segurança conduz à paz e à quietude. Mas este é um caminho a ser percorrido na experiência do amor.

Vamos também nós entrar na escola de Jesus "manso e humilde de coração" (Mt 11,29). "Dirijamos nosso caminho para o Senhor, tenhamos confiança e ele agirá." Ouçamos seu apelo: "Quem for simples venha a mim" (Pr 9,4). Vamos "entrar no mais secreto de sua tenda" (cf. Sl 27). Junto dele, abandonaremos nossas arrogâncias, nossas suficiências e nossas seguranças. Isso é custoso. Mas é perdendo-nos que nos reencontraremos livres em Jesus.

Tantas coisas nos prendem a nós mesmos. Não demos nada enquanto não nos tivermos dado, entregues ao amor de Jesus, como ele tudo deu em se entregando na cruz, no dom supremo do amor.

Um só é o caminho que conduz à fonte viva do amor, aquele da criancinha que se abandona adormecida sem medo nos braços de seu Pai. A experiência humana de Teresinha junto de seu pai abriu-a para a atitude espiritual. O abandono, a entrega confiante de todo o seu ser colocam-na numa paz profunda.

O mesmo acontece conosco: "Tenho a alma dentro de mim, como criança saciada, no colo da mãe, assim tenho a alma dentro de mim, como criança saciada" (Sl 131).

Pois, "para ser de Jesus, é preciso ser pequeno, pequeno como uma gota de orvalho" (CT 141). Como é difícil entender isso. A gota de orvalho desaparece ao menor raio de sol, mas, pelo calor do rei da luz, ela trará a necessária umidade às plantas. Pequeno como uma gota de orvalho, para ser fecundado pelo divino sol do amor. *"Oh! como são poucas as almas que aspiram a ficar tão pequenas"* (CT 141). Esta é a hora da verdade para mim. Caminho de grandezas humanas ou caminho de humildade que eleva. "Derrubou os poderosos de seus tronos e exaltou os humildes" (Lc 1,52). Fiz minha escolha, o caminho do abandono da criancinha. *"Não sou sempre fiel, mas não perco a coragem jamais, abandono-me nos braços de Jesus"*

(CT 143). Não caminha ele comigo, segurando minha mãozinha de criança em sua mão poderosa de amor? E se caio, é aos pequeninos que é concedida a misericórdia. Tudo convida-me a ir adiante, não com minha segurança de adulto, mas na humilde confiança.

O Deus de amor jamais cessa de pousar sobre cada um de seus filhos seu olhar de amor. Ele espera que nosso olhar cruze com o seu. Nas horas difíceis, ele nos encoraja através de sua palavra de esperança. Nas horas de aflição, ele nos reconforta pela sua presença interior. Nas horas de alegria, ele nos conduz para as alturas do amor. Como o pastor vai à procura do cordeirinho que corre perigo afastando-se do rebanho, assim Jesus vem até nós e abre-nos seu coração de ternura e de misericórdia. Nosso Deus não se fez criancinha no humilde presépio de Belém? Não se entregou às mãos de Maria e de José? Não tenhamos medo. Ele se reconhece no abandono. E que dizer de seu supremo abandono sobre a cruz? "Em tuas mãos recomendo meu espírito" (Sl 31,6). É dele que podemos aprender o abandono, a entrega de todo o nosso ser ao Senhor. *"Ele ensina a fazer tudo por amor, a nada lhe recusar... mas na paz, no abandono"* (cf. CT 142).

Sem dúvida, sonhamos agir para demonstrar a nós mesmos todas as nossas capacidades e para servir aos que estão ao nosso redor. Isto é verdade. Cada um deve fazer frutificar os talentos que recebeu, mas sem se gloriar. Somente o amor dá valor ao que fazemos. Como uma criança que *"fica pertinho do Trono do Rei e da Rainha, e ama pelos seus irmãos que combatem"* (MsB, 4r.). Eis quem nos ensina a verdadeira dimensão do amor, como relacionamento com os outros, nas suas inquietações e nas suas alegrias. Amar como os pequeninos, sem cálculo, na entrega de todo o seu ser.

Para dar total valor à nossa existência, o Senhor pede-nos apenas uma coisa: nosso amor, a doação de nós mesmos, a oferenda de tudo aquilo que vivemos no despojamento. Então seu amor recolherá todos os humildes dons de nossa caminhada para transformá-los em pérolas de amor, desde que compreendamos sua ternura e nos entreguemos a ele sem reservas, certos *"que ele jamais nos deixará sozinhos na hora do perigo"* (CT 258).

No caminho do abandono de criança, "guarda-me como a pupila de teus olhos, esconde-me à sombra de tuas asas" (Sl 17,8).

O VIVO DESEJO DA SANTIDADE

Ó meu Deus! Trindade Bem-aventurada, desejo amar-vos e vos fazer amar, trabalhando para a glorificação da Santa Igreja, salvando as almas que estão neste mundo e libertando aquelas que sofrem no purgatório. Desejo cumprir perfeitamente vossa vontade e chegar ao grau de glória que vós me preparastes em vosso reino, numa palavra, desejo ser Santa, mas conheço minha impotência e vos peço, ó meu Deus! que sejais vós mesmo minha santidade.

Já que me amastes ao ponto de me dardes vosso Filho único para ser meu Salvador e meu Esposo, a mim pertencem os tesouros infinitos de seus méritos, e eu os ofereço a vós alegremente, suplicando que não me olheis senão através da Face de Jesus e no seu Coração ardente de Amor.

Ofereço-vos ainda todos os méritos dos Santos (que estão no Céu ou aqui na terra), seus atos de Amor e os dos Santos Anjos; enfim eu vos ofereço, ó Bem-aventurada Trindade, o Amor e os méritos da Santa Virgem, minha Mãe querida, é a ela que confio minha oferenda, pedindo-lhe que a apresente a vós.

Seu divino filho, meu Esposo Bem-Amado, nos dias de sua vida mortal, disse-nos: "Tudo o que pedirdes a meu Pai, em meu nome, ele vo-lo dará". Tenho certeza que vós escutareis o meu desejo; eu sei, ó meu Deus! (tanto mais vós quereis dar, tanto mais vos fazeis desejar). Sinto em meu coração desejos imensos, e é com confiança que vos peço que venhais tomar posse de minha alma. Ah! eu não posso receber a Santa Comunhão tão freqüentemente quanto desejaria, mas Senhor, não sois vós todo-poderoso?... Ficai em mim, como no tabernáculo, não vos afasteis de vossa pequena hóstia...

Quisera consolar-vos da ingratidão dos maus e eu vos suplico que me tireis a liberdade de vos desagradar; se por fraqueza alguma vez eu cair, que logo vosso Divino Olhar purifique minha alma, consumindo todas as minhas imperfeições com o fogo que transforma tudo em si mesmo... (Or. 6, início do ato de oferecimento, O.C., p. 962-963).

Talvez nos aconteça pensar: ser santo, isso não é para mim. E, contudo, ninguém pode ser acolhido no mundo de Deus sem estar em harmonia com Deus santo, pelo fruto de sua graça. Todos nós somos chamados para a santidade, uma santidade que se constrói dia a dia no caminho da vida.

"Eu desejo", diz Teresinha. O desejo de viver ajuda a viver. O desejo de ser santo conduz à santidade. Estar tomado pelo desejo da santidade. "Minha alma anseia por ti durante a noite, meu espírito, dentro de mim, por ti procura" (Is 26,9). "O vosso nome é o desejo de nossa alma, Senhor!" (id.). "Todos os meus suspiros estão diante de ti" (Sl 38,10). Abafar o desejo é abafar qualquer impulso de vida, qualquer esperança maior. Guarda-me, Senhor, no desejo de santidade, sequioso de ti, o Deus vivo, o Deus de toda a santidade. O que me fazes desejar, tu me darás. "Como a corsa suspira pelas correntes de água, assim minha alma suspira por ti, meu Deus" (Sl 42,2). Guarda-me, Senhor, na sede de santidade. Permi-

te-me contemplar-te em teu mistério de profunda santidade, Pai, Filho e Espírito Santo, até que um dia venha a te contemplar no grau de glória que será o meu, de acordo com meu amor por ti durante minha caminhada.

Desejo de santidade quer resposta de amor no hoje. Desejo de santidade que é o meu sim à tua vontade de amor para comigo. Desejo que teu ser de santidade encontre em mim sua morada para me transformar em ti.

E não basta desejar ser santo. Que é preciso fazer? É preciso de início deixar-se amar por aquele que é amor, que é somente amor, Jesus, dom de amor do Pai aos homens; Jesus, fruto do Espírito de amor na Virgem Maria; Jesus, dom de amor ao Pai e aos homens. Deixar-se amar para aprender a amar como Deus ama. Depois deixar-se olhar pelo Pai através da santa face de Jesus, face machucada pela paixão, face brilhante de beleza na Transfiguração. Enfim, aconchegar-se no coração ardente de amor do crucificado para ser transformado pelo Espírito em chama de amor.

Talvez tenha medo de ir até lá, como se isso não fosse para mim. Que sou eu em comparação com os heróis da santidade, com os mártires da fé? *"Sempre constato, quando me comparo aos santos, que há entre mim e eles a mesma diferença que existe entre uma montanha cujos píncaros se perdem nos altos céus e o grão de areia obscuro calcado sob os pés dos passantes*" (MsC, 2v.). Sim, mas a soma dos grãozinhos faz o monte e é o monte que importa. Santidade dos pequeninos que alegra o coração de Deus. O grau de glória corresponde ao grau de amor que faz os santos. E eles são diferentes no amor e na glória, como é a criação de Deus na diversidade das cores e da vida.

E mais, "*Deus quis criar os grandes santos que podem ser comparados aos lírios e às rosas; mas ele criou também os pequeninos, e eles devem contentar-se de serem margaridas ou violetas destinadas a alegrar os olhares do Bom Deus, quando ele as abaixa a seus pés*" (MsA, 2v.). No céu de Deus ninguém tem inveja de outro. Cada um contempla como o vivo desejo de Deus transforma-se em luz de glória. A abundante variedade de cores reflete a acolhida do dom do amor no coração de cada um e sua própria resposta de amor. Maravilhosa diversidade dos dons de Deus. Grandeza da liberdade humana que se abre ao amor. Nossa santidade dará prazer a Deus.

Desejo de santidade que nos impele para a frente. Os desejos que o Senhor coloca em nós não são irrealizáveis; mas nosso desejo não será saciado senão nele. *"Eu posso, apesar de minha pequenez, aspirar à santidade"* (MsC 2v.). Tudo em nós não é obra do Senhor? "Tu me guias segundo teus desígnios, e no fim me arrebatarás para a glória" (Sl 73,24). "Tu me seguras pela mão direita" (Sl 73,23) para me conduzir a ti. Caminhando com o Senhor, aprenderemos que a santidade está sempre crescendo, até a hora da passagem final para a santidade de Deus. *"Jesus não quer pôr limites à santidade... seu limite é que não haja limites"* (CT 83). *"O amor que Jesus tem por nós é um amor que pede TUDO"* (ibidem). Não há santidade de regateio, porque não podemos amar apenas um pouco, pela metade. Isso já não seria amar. *"Não quero ser santa pela metade"* (MsA, 10v.). Isso não seria de modo algum corresponder à plenitude do amor. *"Escolhi tudo, escolhi tudo aquilo que vós quereis"* (MsA, 10v.). Meio de responder à vontade de Deus sobre nós, pondo-nos à escuta de seus apelos de amor.

Nossa santidade não se realizará sem nós. Duro é o caminho da santidade. É que a *"santidade não consiste em dizer belas coisas, não consiste em pensá-las, em senti-las... consiste em sofrer e sofrer tudo"* (CT 89). Impõe muitas vezes escolha entre coisas muito legítimas. Escolher o melhor será talvez escolher o que espontaneamente não nos atrai de modo algum, mesmo nas pequenas coisas. Deus não é sádico a ponto de fazer do caminho da santidade um caminho de sofrimento. É de nossa parte que isso acontece, na escolha a ser realizada. *"Compreendi que para me fazer santa é preciso sofrer muito, procurar o mais perfeito e esquecer de mim mesma"* (MsA, 10r.). Fugir da mediocridade, repelir a tibieza, não se fazer o centro de tudo, isso não é sofrimento em nossa caminhada! Pode ser também que sobrevenha algum sofrimento corporal, a noite da fé... *"Compreendi"*... , fiz minha esta dimensão da santidade, vivendo na pequenez.

Se nossa santidade não se realiza sem nós, ela não é contudo primeiramente obra nossa. Que seria de meus fracos esforços diante de tarefa tão grande? *"É somente Jesus que me conduzirá até ele e, cobrindo-me com seus méritos infinitos, me fará santa"* (MsA, 32r.).

Todos os desejos de santidade contidos em meu ser, tu os tomas, Senhor, em tua única oferenda, para que se realizem em mim. Guarda-me como uma humilde oferenda de amor para ti. Que eu me consuma no fogo de teu amor. Com Maria, com os Anjos e com os santos dos céus, aspiro cantar a tua glória, ó bem-aventurada Trindade.

NA MINHA CAMINHADA, AMAR COMO TU AMAS, SENHOR

Como Jesus amou seus discípulos e por que os amou? Ah!, não foi por causa de suas qualidades naturais que pudessem atraí-lo, pois havia entre eles e ele uma distância infinita, ele era a Ciência e a Sabedoria Eterna, eles eram pobres pescadores ignorantes e cheios de pensamentos terrenos. Entretanto Jesus chama-os seus amigos, seus irmãos, quer vê-los reinar com ele no reino de seu Pai e para lhes abrir este reino quer morrer sobre uma cruz, pois ele disse: "Não há maior amor do que dar a vida por quem amamos". Mãe querida, meditando estas palavras de Jesus, compreendi quanto meu amor por minhas irmãs era imperfeito; percebi que não as amava como o bom Deus as ama. Ah!, compreendo agora que a caridade perfeita consiste em suportar os defeitos dos outros, a não se surpreender com suas fraquezas, mas se edificar com seus pequenos atos de virtude que as vir praticar, mas sobretudo compreendi que a caridade não deve ficar fechada no fundo do coração: ninguém, disse Jesus, acende uma luz para colocá-la debaixo de um alqueire, mas a coloca num candelabro, a fim de que ela ilumine todos os que estão na casa. Parece-me que esta luz representa a Caridade que deve iluminar, alegrar, não somente aqueles que me são mais queridos, mas todos aqueles que estão na casa, não excetuando ninguém.

Quando o Senhor ordenou a seu povo amar seu próximo como a si mesmo, ele ainda não tinha vindo a esta terra; sabendo quanto amamos a nós mesmos, ele não podia pedir às suas criaturas um amor maior pelo próximo.

Mas quando Jesus apresenta a seus apóstolos um mandamento novo, seu mandamento, como dirá em seguida, não é já de amar o próximo como a si mesmo que ele fala, mas de amar como ele, Jesus, amou e amará até a consumação dos séculos...

> *Ah! Senhor, sei que não mandais nada impossível, vós conheceis melhor do que eu minha fraqueza, minha imperfeição, vós sabeis bem que jamais poderei amar minhas irmãs como vós as amais se vós mesmo, ó meu Jesus, não as amais em mim. É porque quereis conceder-me esta graça que vós destes um mandamento novo* (O.C., MsC, 12r.-12v., p. 249-250).

Uma tal atitude não é um tanto pretensiosa? Se partisse de mim, seguramente. Mas és tu que nos chamas para o amor, a tua maneira, a tua e não a minha. *"É próprio do Amor rebaixar-se... Deus criou a criança que não sabe nada e não se manifesta a não ser com seus gritinhos"* (MsA, 2r.-3v.). A criança. Tu nos deste o testemunho, ó Jesus, na noite da Sagrada Ceia: "Se eu, pois, Mestre e Senhor, vos lavei os pés, também vós deveis lavar-vos os pés uns dos outros" (Jo 13,14). Teu serviço de humildade levou-te ao extremo do amor, no despojamento, na humilhação da cruz. Abaixar-se para se colocar no nível do outro e evitar assim olhá-lo de cima. Antes de dar o mandamento do amor: "Amai-vos uns aos outros, como eu vos amei", primeiro tu o viveste.

Jesus revelou a fonte de seu amor, o Pai, do qual vem todo dom perfeito. Sua oração filial será prece de amor. E na hora de fazer a escolha dos doze, ele rezou.

Sua escolha será uma escolha de amor e de confiança. Toda escolha de Deus é escolha de amor, pois ele é amor. Inicialmente também nós podemos ser "ignorantes e cheios de pensamentos terrenos". O Senhor é a ciência, ele sabe como nos conduzir, na liberdade, a descobrir seus caminhos e a nos comprometer com eles. O Senhor é a sabedoria; ele sabe fazer-nos saborear sua presença de amor que nos abrirá ao amor. *"Ele se contenta com um olhar, com um suspiro de amor"* (CT 191) quando estamos começando. É sempre ele que dá os primeiros passos, que nos ama por primeiro para nos elevar até suas alturas. Seu projeto é de nos introduzir nas profundezas do amor que reinam no próprio coração da vida trinitária do Pai, do Filho e do Espírito Santo. Ele traçou o caminho do amor com o seu bastão de amor: sua cruz. Ele abriu as portas do reino pela sua ressurreição dentre os mortos. Ele nos quer no seu reino de amor e de paz. "Ninguém tem maior amor do que quem dá sua vida pelos amigos" (Jo 15,13). Para amar como tu amas, Senhor, dá-me em primeiro lugar acesso a teu próprio amor que será a dinâmica da tua caminhada e da tua passagem ao Pai. *"Tu somente, Jesus, podes compreender as profundezas dessa palavra: Amar"* (CT 109). Abre-me a inteligência e o coração ao amor.

Amar como tu amas, amar-te como tu me amas. *"Para vos amar como me amais, preciso tomar emprestado o vosso próprio amor, ó meu Jesus... Ouso pedir-vos que eu saiba amar aqueles que me destes, como amastes a mim mesmo"* (MsC, 35r.). Sempre "como", à tua maneira, Senhor.

Não te fixaste nas fraquezas dos doze: na presunção, na ambição, nas pretensões, nas incompreensões, nem na traição. Mesmo diante disso tudo, dizes: "meu amigo". E eu que sou prisioneiro de meu olhar exterior que se traduz em julgamento interior. E eu que minimizo meus defeitos, minhas imperfeições, enquanto que aumento os dos outros. Isso não pode ser um caminho de amor. Seria então preciso não ser lúcido nem verdadeiro para amar? O amor está na verdade de cada ser. Mentir jamais é amar. É o meu olhar que devo mudar. Passar de um olhar que pesa, avalia e julga para um olhar que perdoa e que ama. Os defeitos dos outros? É claro que existem. Mas eles são o avesso do outro. E se eu aprendesse a olhar o direito? As fraquezas dos outros? Elas são evidentes. Mas é sendo apoio e sustentáculo que eu amo o outro. Os pequenos atos de virtude, as pequenas ações de amor existem. Mas para percebê-los é preciso ter um olhar que saiba sorrir e um amor que seja profundo. "Quero misericórdia e não sacrifícios" (Mt 9,13). Esta misericórdia para com os outros fará derreter todas as nossas durezas, todas as nossas susceptibilidades, todos os nossos julgamentos apressados e superficiais. A misericórdia, pois, comove-nos até o mais íntimo de nós mesmos, como a misericórdia de Deus para conosco. Aliás, somente aquele a quem se fez misericórdia pode compreendê-la e vivê-la por sua vez no relacionamento com os irmãos.

Pode nascer em nós a vontade de avaliar as respostas de amor dos outros, usando nossos próprios parâmetros. Que tola pretensão! *"Compreendi, escreve Teresinha, que há muitos graus de perfeição e que cada alma é livre para corresponder às propostas de Nosso Senhor, para fazer pouco ou muito por ele, numa palavra, para escolher entre os sacrifícios que ele pede"* (MsA, 10r.-v.).

Se Deus respeita tanto a liberdade de cada um de seus filhos, como não o imitar? Para ser verdadeiro, o amor é sempre uma escolha livre. Maravilhosa diversidade de graus em nossa resposta de amor, na qual o Senhor pode ver a generosidade de seus filhos, desde a menor até a mais sublime. Porque *"o amor é uma torrente que não deixa nada em sua passagem"* (CSG 62), preciso sempre haurir na verdadeira fonte para ficar livre de tudo que arrefece meu próprio sim de amor e me impede de perceber todas as parcelas de amor no coração e na vida de meus irmãos. A característica do discípulo é esta: "amar uns aos outros" (cf. Jo 15,12). "A ninguém fiqueis devendo coisa alguma, a não ser o amor com que deveis amar uns aos outros" (Rm 13,8).

Tal é a Caridade de Deus que nos foi dada: facho luminoso que devemos ter sempre na mão, para ir lendo o amor de Deus em nosso caminho para nele e dele viver. Caridade que brilhará em nosso olhar sobre todos aqueles com quem cruzamos em nossos caminhos.

E eis que na hora da oferenda da tarde sobre a cruz nos é dado o novo mandamento: "Amai-vos uns aos outros, como eu vos amei" (Jo 15,12). Amar os outros não mais somente como a mim mesmo, mas como tu amaste e jamais cessarás de amar, isto é, até ao extremo do amor, na consumação total de teu ser de filho do homem. Como poderia eu te seguir? Porque és tu que amas os outros em mim. Não me encontro diante do impossível? Não, porque o mandamento novo "*assegura-me que vossa vontade, ó Jesus, é de amar em mim aqueles que me ordenais amar*" (MsC, 12 v.). O amor verdadeiro exigirá sempre o despojamento e a oferta generosa de si mesmo.

AMAR ACIMA DA SIMPATIA

Sabendo que a caridade cobre a multidão dos pecados, corro a essa mina fecunda que Jesus abre diante de mim. No Evangelho, o Senhor explica em que consiste seu novo mandamento. Ele diz em São Mateus: "Vós aprendestes o que foi dito: Amareis vossos amigos e odiareis vossos inimigos. Eu, porém, vos digo: amai vossos inimigos, orai por aqueles que vos perseguem". Sem dúvida, no Carmelo não temos inimigos, mas há sim simpatias; sentimos atração por esta irmã e não por aquela outra, a ponto de fazer longas voltas para não a encontrar; assim, mesmo sem o saber, ela está sendo perseguida. Pois bem! Jesus me diz que preciso amar esta irmã, preciso rezar por ela, mesmo quando sua conduta me pudesse fazer crer que ela não me ama: "Se vós amais aqueles que vos amam, que recompensa esperais?, pois os pecadores amam aqueles que os amam" (Lc 6). *Não basta amar, é preciso prová-lo. Por natureza, temos prazer em presentear um amigo, e gostamos sobretudo de fazer surpresas, mas isto não é de modo algum caridade, pois os pecadores fazem isso também. Veja o que Jesus ainda ensina: "Dar a qualquer um que vos pede: e se vos tomarem o que vos pertence, não o peçais de volta". Dar a todos que pedem, isso é menos agradável que oferecer conforme o coração o exige; quando alguém pede com educação alguma coisa não custa dar: mas se por desgraça usar palavras pouco delicadas, logo a alma se revolta se não estiver muito firme na caridade. Encontra mil razões para recusar o que lhe é pedido, e é só depois de ter mostrado à que pede sua falta de delicadeza, que afinal lhe concede por favor o que reclama, ou lhe presta um pequeno serviço que levaria vinte vezes menos do que o tempo gasto, fazendo valer seus imaginários direitos.*

Se é difícil dar a quem quer que peça, mais difícil ainda é deixar que peguem o que nos pertence sem o pedir de volta. Ó minha Mãe, digo que é difícil, deveria antes dizer que isso parece difí-

cil, pois o jugo do Senhor é suave e leve; quando o aceitamos, sentimos logo sua doçura e exclamamos com o Salmista: "Corro no caminho de vossos mandamentos, desde que me dilatastes o coração". Só a caridade e nada mais pode dilatar meu coração, ó Jesus; desde que essa doce chama o consome, corro com alegria no caminho de vosso mandamento novo... (MsC, 15v.-116r., O.C., p. 254-255).

Simpatia com os outros, será que a temos tão grande como o dizemos em certas circunstâncias? Pode não passar de uma palavra sem base na realidade. Mas isso logo se percebe e não engana ninguém. Por si, a simpatia é uma afeição física ou moral para com uma outra pessoa, com a qual nós nos sentimos em comunhão. A simpatia pode nascer espontaneamente ou ir crescendo aos poucos até nos fazer partilhar na amizade alegrias e penas. Simpatia não é caridade. Uma se apóia em sentimentos, outra no dom de Deus que nos leva a amar os outros nele, para ele e por ele. Sem chegar à antipatia, reconhecemos às vezes que não nos sentimos atraídos pela outra pessoa. É que em nós ainda domina o sentimento.

Somos chamados a amar além da simpatia, além da atração que podemos experimentar. Haverá sempre em nosso caminho pessoas que nos exasperam pelo seu modo de ser. *"Há na Comunidade uma Irmã que tem o talento de me desagradar em todas as coisas, suas maneiras, suas palavras, seu caráter parecem-me desagradáveis"* (MsC, 13v.). A antipatia irá nascer em nós se ficamos somente nisso. É preciso ir além do que vemos. *"Eu disse para mim mesma que a caridade não devia jamais consistir nos sentimentos mas nas obras"* (MsC, 3v.), em nossa atitude diante da pessoa. "Filhinhos, não ameis só com palavras ou com a boca, mas com obras e na verdade" (1Jo 3,18). Às vezes o sentimento mente. Impede-nos o acesso à verdade, à profundeza de um ser, deixando-nos na superfície. O exterior nem sempre é o reflexo do interior. *"Jesus, o Artista das almas, alegra-se quando não paramos no exterior, mas, penetrando até o íntimo das pessoas, admiramos a beleza do santuário que ele escolheu por morada"* (MsC, 14r.). Com efeito, se consideramos que cada pessoa é portadora da presença de Deus, se chegamos até o Deus-Trindade que habita o coração dos fiéis que se abrem à graça, vamos além da simpatia e vivemos a caridade. O que nos deve atrair *"é Jesus oculto no fundo da alma, Jesus que faz doce o que há de mais amargo*" (MsC, 14r.). Pois que pode ter um gosto amargo, este amor te dou na caridade sem nenhuma atração. Pode ser que ali não esteja o inimigo, mas nada nos cria comunhão entre nós. Haveria antes rejeição. É então que a caridade nos parece amarga. Será preciso aprender "a nada esperar de volta" (cf. Lc 6,32), agindo pois na gratuidade do amor. Amar aqueles que nos amam parece fácil. Olhemos bem para ver se realmente amamos o outro, ou se nos amamos nele, fazendo de nós o centro de tudo.

O outro pode tornar-se para mim um motivo de sofrimento, sem o saber. Que fazer? "*Quando o demônio procura pôr diante dos olhos da alma os defeitos desta ou daquela irmã... eu me esforço em descobrir suas virtudes*" (MsC, 12v.-13r.). Modificar meu olhar e pôr alguns gramas de caridade há de me libertar de qualquer possível antipatia. Rezar pelo outro é também "*um meio de reencontrar a paz*" (CSG 15). Não qualquer oração, mas a que me leva à caridade e me liberta de mim mesmo. O resto é só fachada.

E não basta amar, é preciso prová-lo. "*Não me contentava somente com rezar pela irmã que me atormenta tanto, mas me esforçava por lhe prestar todos os serviços possí-*

veis e quando tinha a tentação de lhe responder de maneira desagradável, contentava-me com dar-lhe meu mais amável sorriso e procurava desviar a conversa" (MsC, 14r.). A ação sempre nos liberta e impede-nos de ficar ruminando em nós mesmos, dominados pelos ressentimentos, girando em falso. Quanto tempo não perdemos às vezes perguntando o que o outro tem ou o que lhe poderíamos fazer. Somos chamados a viver "a compaixão, o amor fraterno, a misericórdia, o espírito de humildade" (cf. 1Pd 3,8) e não a pagar "mal com o mal, insulto com insulto" (ibidem). "Tudo entre vós se faça com caridade" (1Cor 16,14).

Se o outro, em certos dias, me exaspera, a recíproca também é verdadeira. Não atraímos sempre a simpatia ou por causa do que somos ou por causa de nossas atitudes e respostas. Aprendamos a aproveitar a lição se ela nos é dada. *"Nós deveríamos estar muito contentes se o próximo nos difama algumas vezes, pois se ninguém fizesse isso, que seria de nós?"* (CSG 18). Se às vezes há exagero na difamação, há sempre um fundo de verdade ao qual devemos estar atentos. Essa é uma maneira de nos construir, de forjar e de melhorar nosso caráter, de avaliar nosso amor próprio e nossa humildade.

"Uma palavra, um sorriso amável são suficientes muitas vezes para fazer desabrochar uma alma triste" (MsC, 28r.), porque esta é uma expressão de simpatia. Mas pode também se dar o contrário: *"Uma palavra dita com a melhor intenção poderá ser interpretada de atravessado"* (ibidem). Essa é uma experiência desanimadora que nos fará voltar as costas ao outro. A melhor forma de agir: *"Para não perder tempo, eu quero ser amável com todas as pessoas"* (ibidem). Sorrir descontrairá nosso semblante e convidará o outro a sorrir, desde que seja um sorriso de paz e não de fachada. Com isso ninguém se engana.

Diz-se que não existe amizade sem presente, sem a expressão de dons que são como uma parte de nós mesmos. Se fazer surpresas não é a caridade, *"é preciso prevenir os desejos e parecer que nos sentimos obrigados e muito honrados por prestar serviço"* (MsC, 17r.). O serviço é uma forma de caridade, o supremo serviço de Jesus sobre a cruz foi a maior prova de seu amor. Caminhamos nas pegadas do Mestre.

Podemos fazer-nos de rogados antes de doar, para deixar bem claro que nós é que estamos dando e que o outro deve ser agradecido. Isso não é nem simpatia, nem caridade.

O sentimento é uma parte de meu ser que deve ser dominada e não desprezada. Sem a caridade que tem sua fonte em Deus, ele não nos fará ir além da simpatia. O mandamento novo tira sua eterna juventude do amor com o qual Jesus nos amou. Pois é amor que o Senhor tem por nós e não simpatia. Convida-nos a amar "sempre mais" em seu próprio amor.

OS DIAS SEM SOL E SEM ALEGRIA

Por ocasião de tua festa, que queres que te ofereça? Eu por mim pediria a Jesus que me envie todas as dores, todas as tristezas e aborrecimentos da vida de minha Celina querida; mas não faço isso, pois tenho medo que Jesus me diga que sou uma egoísta: quisera que ele me desse tudo que há de melhor sem reservar um pouquinho para sua noivinha que ele ama tanto. É para lhe provar o seu amor que ele a faz sentir a separação, assim já não posso pedir isso a Jesus. E depois ele é tão rico, tão rico, que pode muito bem enriquecer a nós duas...

Quando se pensa que se o bom Deus nos desse o universo todo, com todos os seus tesouros, isso não seria comparável ao mais leve sofrimento. Que graça quando de manhã não sentimos nenhuma coragem, nenhuma força para pra-

ticar a virtude; é então o momento de pôr mãos à obra; em vez de perder tempo juntando caquinhos de cristal, vamos juntar diamantes. Que lucro no fim do dia... ainda que às vezes por alguns instantes deixemos de juntar nossos tesouros. Esse é um momento difícil, a tentação é abandonar tudo; mas, num ato de amor, mesmo não sentido, tudo é reparado; Jesus sorri, ajuda-nos sem o demonstrar, e as lágrimas, que lhes são causadas pelo mau, são enxugadas pelo nosso fraco pequeno amor. O amor pode fazer tudo, as coisas mais impossíveis não lhe parecem difíceis; Jesus não olha tanto a grandeza das ações nem mesmo sua dificuldade, mas sim o amor que leva a esses atos.

Encontrei, faz algum tempo, uma frase que achei muito bonita. Ei-la, creio que ela te causará prazer: "A resignação ainda não é a vontade de Deus; entre elas existe a mesma diferença que entre a união e a unidade. Na união somos ainda dois; na unidade somos apenas um". Oh! sim, não sejamos senão uma só coisa com Jesus, menosprezando tudo que passa, nossos pensamentos devem dirigir-se para o Céu, pois é lá que mora Jesus (CT 65, para Celina, O.C., p. 360).

Há em nossa caminhada certos dias quando tudo é escuridão, trevas, dias nos quais nós não temos vontade de coisa alguma, senão de cruzar os braços. Caminhamos como que num sombrio túnel sem fim. Reconheçamos que esse é o quinhão de cada um sobre a terra. *"É uma grande provação ver tudo negro, mas isso não depende completamente de vós: fazei aquilo que podeis... depois tende certeza que Jesus fará o resto"* (CT 241). Vemos tudo negro por causa das tristezas, dos desgostos da vida, às vezes das duras provações que caem sobre nossos ombros. Realmente é assim! Não podemos fazer como se não houvesse nada. Mas é o momento de ouvir que o Senhor "dá forças ao cansado, e ao desfalecido renova o vigor" (Is 40,29). A nós compete procurar descobri-lo através da obscuridade. Cabe-nos indagar se estamos de fato no caminho certo. Às vezes, inconsideradamente, nós tomamos o caminho da noite. Mau caminho que não é jamais o de Deus para nós. "Conduzirei os cegos por uma estrada estranha e os guiarei por veredas desconhecidas. Diante deles transformarei a escuridão em luz" (Is 42,16). Se o dia é sem sol, é que Deus não está presente, ou não sabemos descobri-lo, oculto na obscuridade da pena, da dor e do sofrimento.

Há dias em que gritamos: Onde estás, Senhor? "*Sim, a vida é custosa, é duro começar um dia de trabalho... se pelo menos pudéssemos sentir Jesus... mas não, ele parece estar a mil léguas. Mas que faz então esse doce amigo, não vê o peso que nos oprime? Onde está ele, por que não nos vem consolar, sendo que só a ele temos por amigo?*" (CT 57). Que fazer senão gritar nosso abandono? Mas, em vez de mergulhar ainda mais em nossas trevas, procuremos no mais profundo de nós mesmos, do outro lado da escuridão, e acabaremos descobrindo que "*Deus está muito perto... que espera de nós a esmola desta tristeza... da qual tem necessidade para as almas*" (CT 57). Espera que descarreguemos sobre ele nossa tristeza, que ele mudará em abundância de graças e de amor para outros que clamam por ele. Isso bem que nos traz um raio de luz e um pouquinho de alegria. Cada um carrega seu peso de tristeza e de aborrecimento. Fechar-se nisso não leva a nada. Ao contrário, abrir-se para a riqueza do amor de Cristo mais cedo ou mais tarde trará a luz. Há o suficiente para enriquecer a todos e a cada um.

"O mais leve sofrimento vale mais que todos os tesouros do mundo." Como é que seria uma graça começar o dia sem coragem e sem forças para servir o Senhor? A graça não está na própria provação, mas sim na interpretação que lhe podemos dar com a ajuda de Deus. Uma interpretação no escuro, no dia sem sol. *"Só uma coisa podemos fazer durante a noite, essa noite única da vida que não virá senão uma vez: amar, amar Jesus com toda a força de nosso coração"* (CT 96). Amar de verdade liberta-nos de nós mesmos, abre-nos para o outro, no acolhimento.

Às vezes o dia sem sol acontece porque nós nos recusamos a abandonar nosso eu açambarcador e cheio de trevas. A luz e a alegria estão do lado de fora. *"(Às vezes) nos sentimos tão mal conosco mesmos que precisamos sair logo. O Bom Deus não nos obriga a continuar em nossa companhia; pelo contrário, permite que ela nos seja desagradável, para que a deixemos. Nesses casos, não vejo outro meio senão sair de casa"* (CSG 99).

Sair de casa para não ser prisioneiro de si mesmo, nem da noite em que estamos mergulhados. Sair para ver à luz do dia *os* "diamantes" *de nossa vida, pois o diamante não emite seu brilho senão à luz.* Diamantes do amor e da presença de Jesus em nós. Diamantes de nosso amor por ele nos atos de caridade vivida. Diamantes da luz da fé que revela os valores da caminhada. Diamante da alegria redescoberta, graças à presença em nós do Pai, do Filho e do Espírito. Pois *"a alegria não se encontra nos objetos que nos cercam; encontra-se no mais íntimo da alma, sendo que a podemos possuir seja numa prisão seja num palácio"* (MsA, 65r.). Alegria que nasce do menor ato de amor e de confiança e que faz a alegria de Deus. Nada é pequeno quando amamos. O Senhor não espera de nós atos heróicos e difíceis. Espera nosso amor, por pequeno que seja, para transformar nossas trevas em centelhas de luz, até que esse facho de luz seja poderoso bastante para dissipar todas as trevas. Como não implorar: "Vem em meu auxílio, pois estou só e não tenho outra proteção fora de ti, Senhor" (Est 4,17c.14).

Seríamos nós destinados a ser gente resignada, curvando o dorso sob as provações? A resignação jamais foi uma virtude evangélica. A oferta de si mesmo à vontade de Deus? Sim, mesmo se a ela não chegamos na primeira tentativa. Da rejeição, à acolhida e à oferenda: longo caminho a ser percorrido sem sol e sem alegria. Mas *"o que o Bom Deus nos pede é que não paremos diante das fadigas da luta, é que não percamos a coragem. Ele nos conduzirá para a claridade"*.

Às vezes não somos nós a causa de nossa própria aflição? *"Há quem tudo faça para sofrer o mais possível. Eu sou diferente... Se o céu está tão escuro que não vejo nenhum clarão, pois bem, com isso me alegro"* (DE, 27.5-6).

Unidade de vida que temos de conseguir para viver na unidade com Deus, na comunhão com ele. Esse é o termo da caminhada: ser um com Deus para viver com ele em sua morada, em seu céu de glória.

Mas pode ser que diante de nós, como diante de Teresinha, caia o véu da fé. "*Um muro que se levanta até* aos céus." Prova suprema. *"Quando canto a eterna posse de Deus, com isso não experimento nenhuma alegria, pois canto simplesmente o que eu quero crer"* (MsC, 7v.). *"O pensamento do céu (pode não ser mais) que um motivo de combate e de tormento... Sombrio túnel"* (MsC, 5v.). O muro das trevas da fé pode não desabar até o dia da entrada na vida. *"Dia da primeira, da única, da eterna Comunhão do*

Céu, dia sem ocaso" (MsA, 35v., 36r.). Então, no dia de Deus, descobriremos que "Deus é luz nele não havendo trevas". Eterno dia de Deus na eterna luz, na plenitude da alegria.

TEMPESTADE DO SOFRIMENTO E BRISA DE AMOR

Não estou nada surpresa que não compreendas o que se passa em tua alma. Uma CRIANÇA totalmente sozinha no mar, num barco perdido no meio de ondas ameaçadoras, poderia saber se está perto ou longe do porto? Quando seu olhar contempla ainda a margem de onde partiu sabe bem quanto caminhou; vendo a terra distanciar-se, sua alegria infantil não se pode conter. Oh! diz ela, eis-me dentro em pouco no fim de minha viagem. Mas, mais a margem se distancia, mais também o oceano parece mais vasto, então a CIÊNCIA da criança reduz-se a nada, já não sabe para onde vai seu barco; não conhecendo a maneira de governar o leme, a única coisa que pode fazer é abandonar-se, deixar sua vela flutuar à mercê dos ventos... Minha Celina, a filhinha de Jesus está totalmente sozinha numa pequena barca; a terra desapareceu de seus olhos, não sabe para onde seu barquinho vai, se avança ou se recua... Teresinha sabe bem, tem certeza que sua Celina está em pleno mar, a barquinha que a leva voga com as velas infladas em direção ao porto, o leme que Celina nem pode perceber não está sem piloto. Jesus está ali, dormindo como outrora na barca dos pescadores da Galiléia. Ele dorme... e Celina não o vê pois a noite desceu sobre a barquinha... Celina não escuta a voz de Jesus. O vento sopra... ela o ouve: vê as trevas... e Jesus continua dormindo; entretanto, se ele acordasse um só instante, bastaria "que mandasse ao vento e ao mar e se faria uma grande calma", a noite tornar-se-ia mais clara que o dia, e Celina veria o divino olhar de Jesus e sua alma seria consolada... Mas nesse caso Jesus já não estaria dormindo e ele está tão CANSADO!... Seus pés divinos estão cansados de correr atrás dos pecadores, e na barquinha de Celina, Jesus repousa tão docemente. Os apóstolos haviam-lhe dado um travesseiro. O Evangelho narra-nos este pormenor. Mas na pequena barca de sua esposa querida Nosso Senhor encontra um outro travesseiro ainda mais suave. É o coração de Celina; lá ele esquece tudo, ele está em casa... Já não é uma pedra que sustenta sua cabeça divina (esta pedra pela qual suspirava durante sua vida mortal), é um coração de criança, é um coração de esposa. Oh! como Jesus está feliz! Mas como pode ele estar feliz enquanto sua esposa sofre, enquanto vigia e ele dorme tão suavemente? Não sabe que Celina não vê senão a noite, que seu divino rosto continua oculto para ela, e às vezes o fardo que ela sente sobre seu coração lhe parece pesado... Que mistério! Jesus, o Menino de Belém, que Maria carregava como "um leve peso", torna-se pesado, tão pesado que São Cristóvão se maravilha... A esposa dos Cânticos ela também diz que "Seu Bem-Amado é um ramalhete de mirra e que ele repousa sobre seu peito". A mirra é o sofrimento e é assim que Jesus repousa sobre o coração de Celina... E entretanto Jesus está feliz em vê-la no sofrimento, e está feliz de receber tudo dela durante a noite... Espera a aurora e então, oh! então que despertar o de Jesus!...

Estou certa, minha Celina querida, que tua barquinha está em pleno mar, talvez esteja bem perto do porto. O vento da dor que a açoita é um vento de amor e este vento é mais rápido que um raio... (CT 144, para Celina, O.C., p. 467-469).

Que diferença entre a tempestade e a brisa! A tempestade destrói, a brisa restitui a vida. Mas ambas fazem parte de nossa caminhada. Às vezes estamos em pleno mar de sofrimentos, desamparados. A praia está tão longe e as ondas dos sofrimentos tão fortes. Não há ninguém para nos socorrer. Não sabemos manobrar o leme para retomar a direção do porto, isolados como estamos, como uma criancinha. É hora de ouvir o Senhor: "Não percais esta convicção, que tem grande recompensa, pois vos é necessária a perseverança" (Hb 10,35-36). É só depois de a calma ter voltado que percebemos a brisa, o sopro leve, e que o podemos compreender: *"A vida é teu navio e não tua morada... palavras que dão coragem e ajudam (a alma) a suportar o exílio"* (MsA, 41r.).

Palavras que permitem esperar que passem as tempestades da vida para gozar a brisa do amor. Enquanto a margem está à vista, enquanto a segurança reina, é fácil navegar. Quanto mais a praia se distancia, mais estamos sós no meio das ondas, sem um ponto de referência. O sofrimento corta nossos relacionamentos e isola-nos. A provação pesa ainda mais. Nossa ciência de criança não permite vencer a tempestade. Hora de confusão profunda, quando já não percebemos a brisa discreta do amor, uma vez que o fechamento sobre nós mesmos não nos leva a isso. Inútil querer mostrar-se valente, o perigo será ainda maior. O sofrimento esmaga sempre. Quem sabe será melhor sentar-se e ficar olhando para o céu para aí descobrir o tênue raio de luz que nos dará novamente coragem: *"Se sombrias nuvens vierem esconder o Astro do amor, o pequeno pássaro não muda de lugar; sabe que lá além das nuvens seu Sol brilha sempre, que seu brilho não será eclipsado um só momento"* (MsB, 5r.). O divino sol, o próprio Cristo "padeceu sendo tentado, por isso é que pode ajudar os tentados" (Hb 2,18) mas permanece sempre animado pelo sopro de amor, o sopro do Espírito de amor.

Sofrimentos da caminhada que nos sacodem violentamente em certas horas sobre o mar da vida, a ponto de nossos olhares não verem senão sombrias nuvens, as enormes dificuldades do percurso, sem conseguir atravessar essas nuvens: *"Muitas vezes o coração do pequeno pássaro vê-se assaltado pela tempestade, parecendo-lhe não mais acreditar que exista outra coisa que as nuvens que o envolvem"* (MsB, 5r.). Quem nunca experimentou isso? Todos os horizontes estão fechados; mesmo o sopro do amor já não nos anima. Uma vez que não se vê nenhuma saída, é hora de abandonar-nos ao sabor do vento, armando-nos para o momento da tempestade. Se a própria fé for prisioneira das densas nuvens de sofrimento, como poderá reabrir-se para a luz?

Pode ser que a palavra do Senhor já não habite em nosso íntimo. Ela deveria ressoar em nossos ouvidos: "Filho, se aspiras a servir o Senhor, prepara tua alma para a provação... sê constante; não tenhas pressa no momento da adversidade" (Eclo 2,1-2). Que pena quando perdemos o pé na caminhada! *"Quando alguém quer atingir uma meta, precisa arranjar os meios; Jesus fez-me compreender que é pela Cruz que queria dar-me almas"* (MsA, 69v.).

A cruz foi o caminho do Senhor Jesus. Seu sofrimento foi o do amor desprezado, achincalhado, rejeitado. A cruz, a dor, ele não a procurou nem a ela se resignou. Carregou-a. Ofereceu-a levado pelo amor. "Sofreu por nós... no seu corpo, a fim de que... nós vivamos para a justiça" (cf. 1Pd 2,21.24). Assim devemos passar pelas cruzes do sofrimento, antes de as podermos carregar na paz, isto é, na oferta, que muda totalmente seu sentido. Nós nos sentiremos sempre *"pequeno ser frágil"*. *"Que felicidade para ele (pequeno ser frágil) de ali continuar apesar de tudo, fixando a luz invisível que se oculta à sua fé"* (MsB, 5r.). Nem estoicismo, nem masoquismo em tudo isso. Não mais que nós, tinha Teresinha o culto do sofrimento. Ela sofreu muito e com tristeza, mas declara: *"Já não é assim que sofro agora, é na alegria e na paz; sofrendo sou verdadeiramente feliz"* (MsC, 4v.). Feliz no sofrimento, não humanamente, mas porque percebeu em Jesus o sentido do sofrimento, que não podemos descobrir senão no dom do amor. Quem ama é chamado a sofrer, pois não existe amor sem sofrimento. Humilde sopro que nos conserva no amor... E se a tempestade for somente exterior, não deixemos que atinja o nosso interior. *"Mesmo no meio da tempestade, dou um jeito para me conservar muito em paz no meu interior"* (DE, 18.4.1). É que a tempestade interior é pior que a exterior.

Se o medo toma conta de nós, se o sofrimento, com seu peso esmagador nos abate, não teríamos esquecido o passageiro que navega conosco? Ele dorme, esse Jesus, nosso companheiro de caminhada. Não ouve nem nossos gritos, nem nossas tempestades. Por que dormes, Senhor? Não é hora. Faze cessar todas as minhas tempestades. Mas não, ele dorme. Está tão cansado de constatar que levamos nossa barca como se ele não estivesse conosco. Se dorme, não é por não estarmos acordados no amor? Porque o sopro do amor nos anima tão pouco? Se dorme, pode ser, ao contrário, que esteja contente em "nosso coração de criança", coração que o ama, apesar dos sofrimentos, apesar das duras vigílias para o combate, apesar da noite, no meio dos vagalhões, quando estão encobertos todos os horizontes humanos.

Resta apenas a noite para quem já não combate e abandona a vigília, e não mais sabe ler a presença oculta de Jesus. Resta apenas a noite para quem já não conserva o sopro do amor. Mas "corramos com perseverança para o combate que nos cabe, de olhos fitos no autor e consumador da fé, Jesus" (Hb 12,1-2). Para este, em seu coração, sopra o vento do amor, brisa suave como um murmúrio e no entanto tão poderosa, que nos faz chegar ao porto sem obstáculo. Sopro de amor no coração da criança que somos nós, amor de ti recebido, Senhor, amor vivido por ti. Teu sopro que entregaste ao Pai sobre a cruz, ó Jesus, para que ele nos anime e nos faça vencer todas as tempestades de nossa vida. Quando tiveres imposto silêncio às tempestades, então ouviremos em nós teu murmúrio de amor. *"O amor não se paga senão pelo amor, eu também procurei e encontrei um meio de consolar meu coração, pagando-te amor com amor"* (MsB, 4r.).

UM "PEQUENO CAMINHO"

Sim, tudo está bem, quando não procuramos senão a vontade de Jesus; por isso eu, pobre florzinha, obedeço a Jesus, procurando agradar a minha mãe querida.

Vós sabeis, minha mãe, sempre desejei ser santa, mas oh!, sempre constatei, quando me comparei aos santos, que há entre mim e eles a mesma diferença que existe entre uma montanha cujo píncaro se perde nos céus e um grão de areia obscuro calcado aos pés dos passantes; em vez de me desencorajar, disse-me: o Bom Deus não iria inspirar desejos irrealizáveis; posso, pois, apesar de minha pequenez, aspirar à santidade: crescer é impossível; devo suportar-me tal qual sou com todas as minhas imperfeições, mas quero procurar o meio de chegar ao Céu por um pequeno caminho bem direito, bem curto, um pequeno caminho totalmente novo. Nós estamos no século das invenções, hoje em dia já não é preciso subir os degraus de uma escada, entre os ricos um elevador a substitui com vantagem. Eu, de minha parte, gostaria de encontrar também um elevador para chegar até Jesus, pois sou muito pequena para subir a difícil escada da perfeição. Então procurei nos livros santos a indicação do elevador que eu estava querendo, e li estas palavras saídas da boca da Sabedoria Eterna: "Se alguém é pequenino, que ele venha a mim. Então eu adivinhei que eu tinha descoberto aquilo que procuro e queria saber, ó meu Deus! aquilo que vós fareis à pequenina que responde ao vosso apelo; continuei minhas buscas e eis o que encontrei: — Como uma mãe acaricia seu filhinho, assim eu vos consolarei, eu vos levarei sobre meus braços e vos embalarei em meus joelhos! Ah! jamais palavras mais ternas, mais melodiosas vieram alegrar minha alma, o elevador que me deve elevar até o Céu são vossos braços, ó Jesus! Por isso não tenho mais necessidade de crescer; ao contrário, é preciso que eu fique pequena e que o torne sempre mais. Ó meu Deus! vós haveis ido mais longe de minha previsão e eu quero cantar as vossas miseri-

córdias. "Ó Deus, tu me instruíste desde a juventude, e até hoje proclamei teus prodígios. Agora, na velhice e de cabelos brancos, não me abandones, Senhor, até eu anunciar aos descendentes os feitos de teu braço" (Sl 71,17-18). *Qual seria para mim essa idade avançada? Parece-me que já poderia ser agora, pois dois mil anos aos olhos do Senhor não são mais do que vinte anos... do que um só dia... Ah! não creiais, mãe querida, que vossa filha vos queira deixar... Não creiais que ela considere graça maior morrer ao romper do dia antes que ao seu final. O que ela quer, o que ela deseja unicamente, é dar prazer a Jesus... Agora que ele parece aproximar-se dela para atraí-la à mansão de sua glória, vossa filha se alegra. Há muito tempo ela compreendeu que o Bom Deus não precisa de ninguém (ainda menos dela que de outros) para fazer o bem sobre a terra* (MsC, 2v.-3r.-3v., O.C., p. 237-238).

O Deus dos cristãos parecia durante muito tempo um Deus distante, inacessível, o Deus do temor e do medo. Como poderíamos nele reconhecer o Deus do amor, o Pai cheio de ternura? Entretanto, ele chama todos à santidade e abre a todos seu céu de glória. Uma luz foi-nos dada por Teresinha, ela que escolheu para si o caminho da infância espiritual, *"o caminho da confiança e do total abandono"* (DE, 17.7.2), levando-nos para esse mesmo caminho. *"Quero ensinar às almas os pequenos meios que me foram tão proveitosos, dizer-lhes que há só uma coisa a fazer aqui na terra: jogar para Jesus as flores de pequenos sacrifícios"* (ibidem). Confiança, abandono, oferta, "humilde caminho que o Senhor ensina aos humildes" (cf. Sl 25,9-10), "caminho da vontade de Deus no qual ele alarga nosso coração" (cf. Sl 119,4-5). Não é este o mesmo caminho do Filho para o Pai, ele que cumpriu até o fim a vontade do Pai e se entregou a ele, no abandono de amor, na hora de sua suprema oferenda sobre a cruz? Não é este o caminho de toda santidade? Talvez a santidade nos tenha sido apresentada somente como o resultado de muitas vitórias e não como uma seqüência de combates e de respostas de amor. Ora, ela é tudo isso. E a grandeza da santidade revela-se no grau de amor. *"Montanha ou grão de areia"* que importa desde que tenhamos respondido ao Amor por nosso amor. O pequenino, ele também é chamado à santidade. Sua fragilidade chega até a atrair a ajuda por parte do amor do Deus de amor. O Senhor está ao nosso lado repetindo: "Anda na minha presença e sê perfeito" (Gn 17,1); "Segue-me" (Mt 9,9). Minhas imperfeições estão aí. Se atrasam a marcha, não impedem o avanço, pois "a luz da vida" (Jo 8,12) aí está para "me mostrar a direção" (cf. Sl 26). Pequeno caminho bem direito, bem curto, totalmente novo. Como compreender? Todos os obstáculos irão desaparecer subitamente da subida? A utopia e o sonho não são caminhos a serem tomados?

O pequeno caminho não é senão para os pequeninos, para aqueles que se apóiam não em suas próprias forças, nos seus conhecimentos do caminho, mas sobre a força do Senhor e sobre sua presença reconfortante. Porque ele é direito, é curto. Somente o que é pequeno se deixa levar por aquele que subiu da terra ao céu no esplendor e triunfo da sua ressurreição. Como, na sua fraqueza, o pequeno escalará o duro caminho da perfeição? Mas, fascinado pela águia divina, Jesus ressuscitado deixa-se levar "sobre asas de águia" (Êx 19,4), para chegar assim ao cimo do amor. Pequeno caminho totalmente novo e sempre novo, uma vez que ele exige que nos despojemos de todas as velharias, de todas as certezas e seguranças, para entrar na eterna novidade do Cristo, na sua eterna juventude, deixando-nos revestir por ele do poder da graça do amor sempre novo de nosso Deus.

O pequeno caminho direto do amor não é senão para os pequenos *"caminho todo de confiança e de amor"* (CT 226). *"Percebo que basta reconhecer nosso nada e abandonar-nos como criança nos braços do Bom Deus"* (CT 226). Isso não é tão simples para nós que nos fazemos de grandes, de sábios, de experientes. Se o formos, devemos tomar a escada. Mesmo para nos alçar sobre as asas da águia divina, precisamos de ajuda, como a criança precisa para subir aos ombros do pai. Mesmo sem palavra, os braços erguidos e o olhar implorante, a criança se faz compreender. Assim é preciso que nos coloquemos humildemente e simplesmente entre as mãos do Pai, repetindo: *"Essa criança sou eu, objeto de amor previdente do Pai"* (MsA, 39r.). Como o Pai amou Jesus, e por sua vez Jesus nos tem amado, levando-nos para o Pai, Jesus, é "o caminho, a verdade e a vida" (Jo 14,6), único acesso ao Pai. E se o pequenino passa por Jesus, é para chegar ao Pai, como toda criança corre para seu pai. Não o Pai irritado, vingativo, punidor, não o Pai complacente, insignificante, mas o Pai todo amor, envolvendo em ternura cada um de seus filhos, revelando-lhes seu amor, e pedindo-lhes de volta amor. Pequeno caminho de amor que leva ao Pai porque o Pai "*enviou o seu Verbo para resgatar os pecadores*" (MsA, 39r.), para libertar cada um de suas imperfeições de amor, de sua loucura de grandezas, levando-o a amar como criança, a se saber amado exatamente porque pequeno. Não é verdade que a criança abre seus braços e dá seu sorriso somente àquele ou àquela cujo amor ela percebe nos braços estendidos, no rosto tranqüilo, no sorriso atraente?

Eis, pois, o pequeno caminho que o Senhor revela a quem o procura em verdade: rosto do Pai de ternura, que revela seu amor a seu filho, que o consola nas horas de provações, que o carrega ao peito, que nele encontra suas delícias nas horas de alegria. Rosto do Pai dos céus que revelando-nos o amor de Pai abre-nos ao amor. Verdadeiro rosto de nosso Deus e Pai, rosto eterno de amor que o homem, na sua história, acabou muitas vezes por desfigurar, a ponto de não mais o reconhecer e ter medo. Rosto que Teresinha irá reabilitar. Rosto que ninguém descobre a não ser através da santa face do amor de Jesus para chegar ao foco abrasador do amor da Trindade santa. "*Jesus se compraz em me mostrar o único caminho que conduz a essa fornalha divina, esse caminho é o abandono da criança que dorme sem medo nos braços de seu pai"* (CT 196). Pois ninguém adormece senão na paz, acolhido num envolvimento de amor.

Não pensemos porém que vamos prosseguir no caminho sem tomar parte ativa na subida. Ao amor do Senhor deve corresponder o nosso amor. Mas como? *"Jesus não pede grandes ações, mas somente o abandono e o reconhecimento"* (CT 196). E ainda: a criança mostrará seu amor *"não deixando escapar nenhum pequeno sacrifício, nenhum olhar, nenhuma palavra, aproveitando-se de todas as pequenas coisas e fazendo-as por amor "* (cf. MsB, 4r., v.).

O pequeno caminho direito e novo não é ainda a beatitude. Ele para lá conduz. *"Como alma pequenina, é preciso que trabalhemos para agradar a Jesus, para seus gostos"* (cf. CSG 57). Isso é agir na gratuidade do amor, à maneira de criança. E *"as almas pequeninas que correm pelo caminho da infância"* (CSG 50) esperam alegrar-se na morada de glória de seu Pai, apresentadas pelo divino sol, abrasadas pelo fogo do Espírito de amor. Pequeno caminho que conduz aos vastos horizontes do reino da glória.

A PALAVRA, PRESENÇA QUE SE DEVE PRESERVAR

Eis a imagem de nossas almas: às vezes descemos nos vales férteis onde nosso coração gosta de se nutrir, o vasto campo das escrituras que tantas vezes está aberto diante de nós para derramar em nosso favor seus ricos tesouros; esse vasto campo parece-nos ser um deserto árido e sem água... Já não sabemos nem mesmo onde estamos; em vez da paz, da luz, só encontramos perturbação ou pelo menos trevas... Mas como a esposa sabemos a causa de nossa provação.

Não estamos ainda em nossa Pátria e a provação deve purificar-nos como o ouro no cadinho; às vezes nos julgamos abandonadas; ah! esses carros, esses ruídos vãos que nos afligem estão em nós ou fora de nós? Não sabemos. Mas Jesus bem o sabe, ele vê nossa tristeza e logo sua doce voz se faz ouvir, voz mais doce que a brisa da primavera: "Retorna, Sulamita, retorna! Retorna, para podermos contemplar-te, retorna!" (Ct 7,1). *Que apelo este de nosso Esposo!... Já nem ousamos olhar para nós mesmas, tanto nos julgamos sem brilho e nem beleza, e Jesus nos chama, ele quer ficar olhando para nós tranqüilamente, mas ele não está só, com ele estão as outras duas pessoas da Santíssima Trindade que vêm tomar posse de nossa alma... Jesus o prometeu um dia, quando estava prestes a voltar para seu Pai e nosso Pai: dizia com inefável ternura: "Se alguém me ama, guardará minha palavra e meu Pai o amará, e nós viremos a ele e faremos nele nossa morada". Guardar a palavra de Jesus, eis a única condição para nossa felicidade, a prova de nosso amor para com ele. Mas o que é, afinal, esta palavra?... Parece-me que a palavra de Jesus é ele mesmo... Ele Jesus, o Verbo, a Palavra de Deus!... Ele nos diz mais adiante no mesmo Evangelho de São João, quando pede a seu Pai por seus discípulos. Diz assim: "Santificai-os por vossa palavra, vossa palavra é a verdade"; em outra passagem Jesus nos ensina que ele é o caminho, a verdade e a vida. Sabemos, pois, que Palavra devemos guardar; como Pilatos não perguntaremos a Jesus: "Que é a verdade?" Possuímos a verdade. Guardamos Jesus dentro de nossos corações!* (CT 165, para Celina, O.C., p. 498-499).

A mamãe espera uma palavra de seu filhinho. E ele a pronunciará quando tiver identificado o ser que ele tem diante de si, de quem tudo recebe. "Mamãe" é a primeira palavra que pronuncia uma criança. Palavra, expressão da linguagem própria do homem. Palavra, Verbo de Deus. Aquele que vem do Pai para dizer Deus aos homens. "No princípio era o Verbo e o Verbo estava com Deus, e o Verbo era Deus" (Jo 1,1). Ou, "Nos últimos dias nos falou pelo Filho" (Hb 1,2).

Palavra viva do Pai, Jesus, que descobrimos "no vasto campo das Escrituras" e mais ainda no Evangelho, a Boa Nova de Jesus. *"É sobretudo o Evangelho que me entretém em minhas orações, nele encontro tudo o que é necessário para minha pobre alma"* (MsA, 83v.). Cada dia do ano, a Igreja abre-nos o Evangelho para que aí descubramos tesouros de vida. Não é um prato requentado que nos é servido, mas uma iguaria sempre nova, *"especialmente para hoje"*. É necessário buscar, à luz do Espírito, que palavra nos atingirá neste dia. *"Notei muitas vezes que Jesus não vem para me trazer provisões, ele me alimenta a cada instante com um alimento novo, eu o encontro em mim sem saber como chegou"* (MsA, 76r.). Somos gente que procura a Deus, em busca de uma palavra, não apanhada ao acaso, como numa antologia, mas recebida no hoje da Igreja. Pode ser que às vezes nos sintamos num deserto, diante de uma página tão conhecida que nada nos revela. Então vamos ler e reler lentamente, até que uma palavra surja em nosso coração, como maravilhoso dom de Deus. "Ela está bem ao teu alcance, está em tua boca e em tua mente, para poderes cumpri-la" (Dt 30,14). A palavra está no meu coração como a pérola no porta-jóias; é preciso abrir o porta-jóias para descobrir a jóia. Ato de abandono de si mesmo para se abrir ao dom de Deus. *"Jesus está escondido no fundo do meu pobre pequeno coração"* (MsA, 76r.), pois "o Verbo se fez carne e habitou entre nós". As trevas do desencorajamento, da incompreensão, do abandono, da procura, da pretensão, do orgulho podem fechar-me à Palavra. É como discípulo que devemos ir a Jesus, e o discípulo permanece na Palavra que o fará conhecer a verdade que liberta (cf. Jo 8,32). É na luz do Verbo que cada um é esclarecido. Discípulo que busca, com inteligência aberta aos sentidos das Escrituras e o coração aberto ao amor. Discípulo que busca, tendo feito silêncio em si mesmo.

Pois o Senhor não passa senão num murmúrio de amor, quando todos os ruídos do saber cessaram, e nós ficamos com Jesus, à escuta de sua palavra. Coração desentulhado, livre, e não açambarcado, o que o impediria de escutar, de responder e de amar.

Coração de discípulo descobrindo o verdadeiro rosto do mestre, por meio de suas palavras, maravilhando-se com o sentido oculto de palavras até que, pronunciadas por nós mesmos, elas se encarnam em nós: "*No Evangelho, descubro sempre novas luzes, sentidos ocultos e misteriosos*" (MsA, 83v.). Mas para descobrir, é necessário procurar e acolher, na certeza que a Palavra nos transformará. Sem menosprezar os livros que nos mostram o sentido, é ao próprio livro do Evangelho que é preciso voltar, como à fonte viva. "*De minha parte, já não encontro nada nos livros, a não ser no Evangelho. Basta-me esse livro*" (DE, 15.5.3). Por quê? Porque é o livro do amor, o livro da ternura, o livro da vida, o livro da luz de nosso Deus. Porque ele se torna para nós o livro da conversão, da resposta de amor, da vida na luz, o livro da imitação de Jesus. Não haveria perigo de ilusão?

"Uma vez que Jesus subiu ao céu, não o posso seguir senão pelas pegadas que deixou... pegadas luminosas... Basta que lance os olhos ao Santo Evangelho, imediatamente respiro os perfumes da vida de Jesus e sei para que lado correr" (MsC, 36v.).

Sobre as pegadas de Jesus estamos certos de o descobrir, não num sonho, mas na profundeza da fé em suas próprias palavras, enquanto permanecemos em seu amor. "Se alguém me ama, guarda minha palavra, o Pai o amará e viremos a ele e nele faremos nossa morada" (Jo 14,23). No silêncio do coração habitado pelo Pai e pelo Filho, a palavra de adoração e de louvor brota, animada pelo Espírito. Não há necessidade de palavras. *"O Doutor dos doutores ensina sem ruído de palavras... Jamais o ouvi falar, mas percebo que ele está em mim a cada instante. Ele me guia e inspira aquilo que devo fazer. Descubro, no exato momento em que preciso, luzes que ainda não tinha visto"* (MsA, 83v.).

Nada de sussurros no pequeno caminho de amor, mas a certeza de uma presença de amor no fundo do coração, que faz ler o caminho e os apelos da caminhada como um avanço na luz.

Guardar a palavra é a única condição de nossa felicidade, a prova de nosso amor por Jesus. Guardar a Palavra repetindo-a cada dia para si mesmo, para que nos penetre e transforme. Guardar a Palavra como uma chama de amor que ilumina o nosso dia. Guardar a palavra como uma bússola que impede o desvio, como a estrela que mostra o caminho. E esta palavra não é qualquer coisa inerte que pudéssemos guardar ciumentamente. *"A palavra de Jesus é o próprio Jesus."* Jesus palavra viva da qual nos tornamos voz por nossa própria vida. "Palavra que deve ser recebida com docilidade, palavra implantada em nós" (cf. Tg 1,21) que frutifica no amor. Palavra que nos vai burilando à imagem do bem-amado para nos tornar reflexo do Evangelho, da boa nova do rosto de amor de nosso Deus.

Jesus em nós, com o Pai e o Espírito que nos queima o coração. "Tuas palavras eram meu contentamento e alegria de meu coração" (Jr 15,16). É sempre para o nosso interior que devemos voltar-nos para aí descobrir a presença do amor e a Palavra que ilumina e liberta, a palavra da verdade. E na caminhada, nós nos repetimos: *"É Jesus que faz tudo em mim e eu não faço nada"* (CT 142). Em todo caso, não coloco obstáculos a Jesus. Deixo-o invadir meu coração. Cuido de o conservar em meu coração, vivendo sua presença amorosa. Assim continua a caminhada de amor, de traçado às vezes difícil, até que o Senhor diga: "Vem". Pois "naquele que lhe guarda a palavra, o amor de Deus é nele verdadeiramente perfeito" (1Jo 2,5). Esta será a hora de me contemplar em Jesus.

A ORAÇÃO, UM APOSTOLADO MISSIONÁRIO

Há pouco veio-me um pensamento que tenho necessidade de contar à minha Celina. Certo dia em que eu pensava o que poderia fazer para salvar as almas, uma passagem do Evangelho mostrou-me uma viva luz. Outrora Jesus dizia a seus discípulos mostrando-lhes os campos de trigo maduro: "Levantai os olhos e vede como os campos estão já brancos para a colheita" e um pouco mais tarde: "Em verdade a messe é grande, mas o número de operários é pequeno; pedi, pois, ao dono da messe que envie operários". Que mistério!... Jesus não é todo-poderoso? As criaturas não pertencem a quem as fez? Por que Jesus diz então: "Pedi ao dono da messe que envie operários"? Por quê? Ah! é que Jesus tem por nós um amor tão incompreensível que ele quer que tomemos parte com ele na salvação das almas. Nada quer fazer sem nós. O Criador do universo espera a prece duma pequena alma para salvar as outras almas resgatadas como ela ao preço de todo o seu sangue. Nossa vocação não é a de ir ceifar os campos dos trigais maduros. Jesus não nos diz: "Abaixai os olhos, olhai os campos e ide lá ceifar". Nossa missão é ainda mais sublime. Eis as palavras de nosso Jesus: "Levantai os olhos e vede". Vede como em meu Céu há lugares vazios, cabe a vós enchê-los, vós sois meus Moisés orando sobre a montanha, pedi-me operários e eu enviarei, espero apenas prece, um suspiro de vosso coração!...

O apostolado da oração não é por assim dizer mais elevado que o da palavra? Nossa missão como Carmelitas é formar operários evangélicos que salvarão milhares de almas das quais nós seremos as mães... Celina, se estas não fossem as mesmas palavras do próprio Jesus, quem ousaria acreditar?... Acho que nossa parte é muito bela, que temos nós a invejar os padres?... (CT 135, para Celina, O.C., p. 448-489).

Rezar ou evangelizar? Falsa alternativa. Rezar para evangelizar, essa deve ser a nossa atitude. Uma oração que vai da fonte, o Senhor, aos campos que devem ser semeados, trabalhados, colhidos. Não são necessariamente os mesmos que fazem tudo ao mesmo tempo. Alguns podem apenas tirar a água da fonte para dá-la a outros que dela se beneficiarão. Ninguém pretenda fazer a colheita espiritual apenas por seus próprios meios. A oração está sempre no coração da missão. A oração missionária de cada um de nós é a própria condição para que haja missão. "Tu deves representar o povo diante de Deus, e levar perante ele os problemas" (Êx 18,19). Eis o envio e o apelo para nos manter diante do Senhor, como suplicantes a fim de que cada um seja levado para diante dele. Maravilhosa tarefa, que nos incumbe, de atrair o olhar do Senhor sobre seus filhos e de elevar seus filhos até ele. Humildade também de nossa prece: "Encontrem teu favor as palavras de minha boca e as palpitações do coração em tua presença, Senhor, minha rocha e meu redentor" (Sl 19,15). Gritos, súplicas, mas também os profundos impulsos interiores, obra do Espírito de amor, que não são senão murmúrios a custo formulados. Que importa! *"Para mim a oração é um impulso do coração, é um simples olhar lançado para o céu, é um grito de reconhecimento e de amor no meio da provação como no meio da alegria; enfim, é qualquer coisa de grande, de sobrenatural, que me dilata a alma e me une a Jesus*" (MsC, 25r., v.). Um impulso, um olhar, um grito, outras tantas formas de nossas orações na caminhada; uma resposta de amor, um tempo de contemplação, um sofrimento físico ou moral. Impulso, olhar, grito de outros ou por outros, pois a oração não separa; ela une profunda e misteriosamente: "*Sabeis o que me dá forças? É por um missionário que vou caminhando. Penso que lá longe, muito longe, um deles pode estar esgotado em suas caminhadas apostólicas, e, para diminuir suas fadigas, ofereço as minhas ao Bom Deus*" (DE, 228). Quem ousaria ainda dizer que a oração é uma evasão, uma fuga? De jeito nenhum! Ela é comunhão na ação apostólica; é projeção da fonte sobre os testemunhos do Evangelho. Sem a oração, a missão poderá ser apenas uma obra humana.

Ora, somos os enviados do Senhor. Nada se realiza sem o dom de Deus, o dom de sua graça.

Nosso olhar sobre a Igreja e sobre o mundo está às vezes embaçado. Não vemos mais os campos a serem ceifados, porque nos preocupamos com outras coisas. Temos os nossos projetos e Deus nos apresenta os seus. *"Levantai os olhos e vede."* É a obra do Pai que devemos cumprir e não a nossa. Os frutos da graça no coração dos filhos de Deus, nós não os vemos muitas vezes senão em esperança e na fé. E já é alguma coisa.

Pequeno o número de operários, quem não o sabe? Temos nossas idéias sobre engajamento de operários e sobre as condições de tal engajamento, como se a abundância de operários apostólicos dependesse de nós. Tal não é a palavra de Jesus. Ele nos pede que oremos ao dono da messe, o Pai, que envie operários à sua messe. Os operários, ele os escolhe, chama e envia. Ele, não nós. Nós lhe pedimos somente o envio. As condições do engajamento não nos dizem respeito. Isso compete ao próprio dono. O Pai espera de nós uma prece de servidor, filial. "Pedi e vos será dado" (Lc 11,9). "Pedi e recebereis, para que seja completa a vossa alegria" (Jo 16,24). Pedido que é ato de fé e de esperança, ao mesmo tempo de súplica. Pode ser que tenhamos necessidade de repetir num primeiro instante: "Senhor, ensina-nos a rezar" (Lc 11,1) para bem compreender a função missionária de nossa oração na vida da Igreja.

Temos refletido suficientemente sobre esse pedido de envio que o Senhor espera de nós? Porque ele nos quer fazer tomar parte em sua obra, ele nos pede que peçamos. Nada quer fazer sem nós. E nós às vezes queremos fazer alguma coisa sem ele. Isso é impossível na ordem espiritual.

"Como é grande o poder da oração... Para sermos ouvidos não precisamos ler, num livro, uma bela fórmula composta para a ocasião; se assim fosse, coitada de mim" (MsC, 25r.). As fórmulas são muitas vezes úteis para nos fazer entrar na oração. Podemos aproveitar-nos delas ao longo de nosso percurso. Convivendo com a palavra de Deus, iremos criando um hábito em nosso coração, a ponto de repetir para o Senhor suas próprias palavras através dos salmos, esses gritos de adoração, de louvor, de súplica, de apelo, de sofrimento. Eles nos farão muitas vezes cantar como o ceifador amarrando os feixes. Finalmente, é de nosso coração que jorra a prece para atingir o coração de Deus.

Um é o semeador, outro o ceifador. Diferentes são as missões no campo do Senhor. Um é o que reanima e outro o que recolhe aos celeiros. Nem todos participam na hora da colheita. Por acaso alguém se lembra do tempo que vai da sementeira até a colheita, e das dúvidas que então surgiam sobre as esperanças do amanhã? Tempo para a oração daqueles cuja missão é serem apóstolos desse modo: crianças, jovens em busca do futuro, monges e monjas no silêncio dos claustros, pais e mães de família, doentes, ou pessoas limitadas pela idade. Todos solidários na oração, todos diante de seu Senhor para lhe dizer: "Ouve-me, Senhor, lembra-te como estive diante de ti" (cf. Jr 18,19-20). Cada um repetindo lá no fundo de seu coração: *"Sinto um grande desejo de trabalhar na conversão dos pecadores"* (MsA, 45v.). *"Levantai os olhos"*, é a ordem do Senhor. Participai da colheita da terra, mas clamai ao céu, levantando vosso olhar para o único que envia os que ouvem seu apelo com um coração livre e amante.

A obra de Deus não se realiza senão na comunhão com ele, sustentados por sua presença e pelo dom de sua graça. Só a oração abre o céu. *"Aos Santos, o Todo-Poderoso deu-se a si mesmo como único ponto de apoio; por alavanca deu-lhes a oração que abrasa num fogo de amor. É assim que, até o fim dos tempos, o mundo será erguido pelos Santos que hoje vivem; é assim também que os Santos futuros o soerguerão"* (MsC, 36v.). Sem a alavanca da oração, coisa importante em todas as épocas, a tarefa da missão perderia seu impulso. Pela prece de cada um, os obreiros evangélicos semearão e ceifarão a colheita do Senhor.

Cada um recebe sua parte na missão da Igreja e ninguém pode dispensar o outro. A cada um seu serviço. Mas a cada um sua parte de oração. Pois *"é melhor falar com Deus do que falar de Deus"* (MsA, 40v.-41r.). O operário do Evangelho, a exemplo do Servidor Jesus, começará sempre falando ao seu Senhor no silêncio do coração. Somente então poderá falar de Deus.

A VOCAÇÃO DO AMOR TOTAL NA IGREJA

Ser tua esposa, ó Jesus, ser carmelita, ser por minha união contigo a mãe das almas, deveria bastar para mim... mas não é isso que acontece... Sem dúvida, esses três privilégios são realmente minha vocação. Carmelita, Esposa e Mãe, entretanto sinto em mim outras vocações, sinto em mim a vocação do guerreiro, do Padre, do Apóstolo, do Doutor, do Mártir, enfim, sinto a necessidade, o desejo de realizar por ti Jesus todas as obras mais heróicas... Sinto em minha alma a coragem de um Cruzado, de um Zuavo[1] *do Papa, quisera morrer num campo de batalha em defesa da Igreja...*

[1] Voluntário católico francês nas lutas em defesa dos Estados Pontifícios de 1860-1870.

Sinto em mim a vocação do Padre; com que amor, Jesus, eu te sustentaria em minhas mãos, quando ao meu comando tu descesses do céu... Com que amor eu te daria às almas! Mas, ao mesmo tempo que desejaria ser Padre, admiro e invejo a humildade de São Francisco de Assis e sinto a vocação de imitá-lo recusando a sublime dignidade do Sacerdócio.

Ó Jesus! meu amor e minha vida... como combinar entre si esses contrastes? Como realizar os desejos de minha pobre alma?

Ah! apesar de minha pequenez, quisera iluminar as almas como os Profetas, os Doutores, tenho a vocação de ser Apóstolo... Quisera percorrer a terra, pregar teu nome e implantar sobre o solo infiel tua Cruz gloriosa, mas, ó meu Bem-Amado, uma só missão não me bastaria, quisera ao mesmo tempo anunciar o Evangelho nas cinco partes do mundo e até nas ilhas mais isoladas... Quisera ser missionária não somente durante alguns anos, mas o quisera ser desde a criação do mundo até a consumação dos séculos... Mas quisera além disso tudo, ó meu Bem Amado Salvador, derramar meu sangue por ti até a última gota...

O martírio, eis o sonho de minha juventude, esse sonho cresceu comigo nos claustros do Carmelo... Mas ainda aí sinto que meu sonho é uma loucura, pois não saberia limitar-me a desejar um gênero de martírio... Para me contentar precisaria de todos... Como tu, meu Esposo Adorado, quisera ser flagelada e crucificada... Quisera morrer esfolada como São Bartolomeu... Como São João, quisera ser lançada em óleo fervente, quisera sofrer todos os suplícios infligidos aos mártires. Com Santa Inês e Santa Cecília, quisera apresentar meu pescoço à espada e como Joana D'Arc minha irmã querida, quisera na fogueira murmurar teu nome, ó Jesus... Sonhando com os tormentos que serão a partilha dos cristãos no tempo do Anticristo, sinto meu coração estremecer e quisera que esses tormentos me fossem reservados... Jesus, Jesus, se eu quisesse escrever todos os meus desejos, precisaria tomar emprestado teu "livro da vida", lá estão narradas as ações de todos os Santos e essas ações quisera tê-las realizado por ti...

Ó meu Jesus! que respondes a todas as minhas loucuras?... (MsB, 2v.-3r., O.C., p. 224-225).

"Mãe Igreja" nós cantamos na noite da Vigília Pascal, Mãe Igreja, "em ti estão todas as minhas fontes" (Sl 87,7); *"Igreja, minha Mãe"*, proclama Teresinha.

Estamos sonhando? Não. "Igreja nossa Mãe, Esposa sem mancha do Cordeiro imaculado, Corpo de Cristo" e nós, "na diversidade de membros e de funções, um só corpo, renovados pelo único Espírito, chamados à santidade fruto da graça do Espírito, como nos diz o Vaticano II (Lumen Gentium). Modos de ver a Igreja que nos levam para além dos conflitos que surgem de tempos em tempos. Olhares de humildade, pois somos pecadores na Igreja santa. Olhares de verdade, mas também olhares de amor. *"Ó meu Jesus, eu te amo, amo a Igreja minha Mãe"* (MsB, 4v.). Eis o que me abre os horizontes do serviço na e para a Igreja. Dela, recebo a vida em meu ser interior. Ao corpo de Cristo, que é a Igreja, sirvo na humildade e no amor. Ninguém pode servir senão oferecendo-se ao Amor. Caso contrário, haveria apenas orgulho, dominação, crítica estéril e fracasso. O corpo eclesial não vive senão na coesão que ele tece no Cristo. Trata-se de encontrar seu lugar para servir na Igreja, para aí prestar o serviço de amor. *"Compreendi que se a Igreja tem um corpo... ela tem também um coração, e que esse coração está fervendo de amor.* [...] *Sim, achei o meu lugar na Igreja, e esse lugar, ó meu Deus, vós é que me destes. No coração da Igreja minha Mãe eu serei o Amor... assim eu serei tudo"* (MsB, 3v.).

Num coração livre e generoso todos os apelos missionários podem nascer, mesmo se não se realizam. Guerreiro, para lutar contra as potências do mal que ferem o homem. Padre, para oferecer, servir, para se entregar ao Amor, para que a vida seja manifestada. Apóstolo, para levar a todos os lugares a luz do Evangelho. Doutor, para proclamar bem alto a verdade no meio dos ruídos que invadem o mundo. Mártir, testemunha diária da fé que ilumina o caminho. Cruzado, para defender os interesses da Igreja, até dando a vida no campo de batalha. Não é verdade que se perde todo dia alguma coisa de si mesmo em todas as formas de combate!

E por que não ser padre quando se conheceu o amor. "Ele, Jesus (que) deu sua vida por nós (convidando-nos) a dar nossa vida pelos nossos irmãos" (cf. 1Jo 3,16). Isto não é reivindicar uma vocação. É mais exatamente a descoberta da graça por parte de quem foi chamado ao serviço do amor, oferecendo-se ele mesmo ao Amor. Dar suas mãos, sua voz, sua vida ao Cristo, para o serviço do amor, entregando-se totalmente a ele, no despojamento da oferta, no seguimento do humilde servidor Jesus.

Mas como ser tudo isso quando somos tão pequenos. *"Compreendi que o Amor incluía todas as vocações, que o Amor era tudo, que ele abarcava todos os tempos e todos os lugares... Numa palavra, que ele é eterno! Então, no excesso de minha alegria delirante, me pus a gritar: Ó Jesus, meu Amor... minha vocação enfim a encontrei... é o Amor"* (MsB, 3v.). *"Compreendi."* Compreender, perceber o sentido, assumir e agir de acordo em vista disso. Compreender que o Amor é tudo, em qualquer vocação que seja. Para isso precisamos "reconhecer o amor que Deus tem por nós e crer" (cf. 1Jo 4,16). Pois, "Deus é amor: aquele que permanece no amor permanece em Deus e Deus permanece nele" (ibidem). O amor é recebido antes de ser vivido. É o fogo que dinamiza nossas ações. "É forte o amor como a morte... Suas centelhas são centelhas de fogo, labaredas divinas" (Ct 8,6). Amor de Deus que em nós habita e nos transforma, amor de fogo que restitui sem cessar vigor ao nosso amor, para que não esmoreça jamais. "*Compreendi que só o Amor faz agir os membros da Igreja, que se o Amor se apagasse, os Apóstolos já não anunciariam o Evangelho, os Mártires recusariam derramar seu sangue*" (MsB, 3v.). Se nos parece que aqui ou lá os servidores do Evangelho perdem a coragem, carecem de dinamismo, se os operários são pouco numerosos para a messe do amor, não seria porque o amor esfriou no coração de cada um? Não deixemos que o amor se apague! Abramo-nos ao sopro vivificante do Espírito para que renasça o ardor apostólico. "*O menor movimento de puro amor é mais útil à Igreja que todas as obras reunidas*" (MsB, 4v.). Esta é a nossa profunda convicção. Mas não podemos evitar a pergunta: "*O puro amor está realmente em meu coração?*" (MsB, 4v.). Ajo por mim ou pelo Senhor? Busco a glória ou me escondo no humilde serviço? Trabalho com tibieza ou com generosa disponibilidade e esquecido de mim mesmo? A questão merece que paremos um pouco para dar uma resposta sincera. Não somos habitados por qualquer amor. "Pai... para que o amor, com que me amaste, neles esteja, como eu" (Jo 17,26). Amor que chamou o dom do amor para o recolher como oferenda sacrificial e depois difundi-lo sobre todos os filhos de Deus. Assim meu amor é teu amor, e teu amor é a totalidade de ti mesmo, ó Senhor. É pois participando da totalidade de teu amor que meu próprio amor se torna a totalidade de meu ser, a totalidade de minha vida.

Pequena alma, que quer ser toda amor por aquele que é todo amor. "Quisera" chegar a todos que desconhecem o amor aqui ou longe e entregar-me até ao extremo do amor. "Quisera", como as grandes testemunhas de amor, viver todas as formas de despojamento, de humilhação, de tormentos.

Sei ler, sob suas diversas formas, os sofrimentos e os reveses da caminhada? Sem amor, o "eu quisera" não chegará jamais a ser o "eu quero". A "leitura de teu livro da vida", o rosto de santidade da multidão que te cerca, Senhor, não é o reflexo de todo o amor, na humilde condição humana de múltiplos rostos? E *"como uma alma assim tão imperfeita como a minha pode aspirar possuir a plenitude do amor?"* (MsB, 4v.). *"Se te dou somente amor, tu me devolverás amor"* (cf. DE, 22.7.1). Então poderei *"apropriar-me de tua chama de amor"* e aprender de ti, Senhor, *"o canto sublime do Amor"*. Simples murmúrio que se tornará harmonia, na humildade da totalidade do amor vivido na Igreja, minha mãe, quando todo o meu ser se tornar ressonância de teu amor, graças ao Espírito que harmonizará todas as minhas capacidades de amor. Loucuras para o mundo? Sem dúvida. Mas não para ti, Senhor. Não és tu que me ensinas o canto de amor quando não cessas de me dizer: “Eu te amo”?

OS HORIZONTES INFINITOS DA JUSTIÇA E DA MISERICÓRDIA DO SENHOR

Sei que precisamos ser muito puros para comparecer diante do Deus de toda Santidade, mas sei também que o Senhor é infinitamente justo, e é esta justiça, que assusta tantas almas, que é motivo para minha alegria e minha confiança. Ser justo não é somente exercer a severidade na punição dos culpados, é também reconhecer as retas intenções e recompensar a virtude. Espero tanto da justiça do Bom Deus como de sua misericórdia. E porque ele é justo "é compassivo e cheio de doçura, lento para punir e abundante em misericórdia. Conhece nossa fragilidade, não se esquece que somos apenas pó. Como um pai é cheio de ternura para com seus filhos, assim o Senhor tem compaixão de nós".

Eis, meu irmão, o que penso da justiça do bom Deus, meu caminho é todo confiança e amor, não compreendo as almas que têm medo de um tão terno Amigo. Muitas vezes quando leio certos tratados espirituais, onde a perfeição é mostrada cercada de mil dificuldades, rodeada de uma multidão de ilusões, meu pobre espírito se cansa bem depressa, fecho esse livro erudito que me funde a cabeça e me seca o coração e pego as Sagradas Escrituras. Então tudo me parece luminoso. Uma só palavra descobre para minha alma horizontes infinitos, a perfeição parece-me fácil, vejo que basta reconhecer meu nada e abandonar-me como criança nos braços do Bom Deus. Deixando às grandes almas, aos grandes espíritos, os belos livros que não posso compreender, e ainda menos pôr em prática, alegro-me em ser pequena, pois só as crianças e só aqueles que com elas se assemelham serão admitidos no banquete celeste. Sou muito feliz porque há muitas moradas no reino de Deus, pois se não houvesse senão aquela cuja descrição e cujo caminho me parecem incompreensíveis, eu não poderia lá entrar. Quisera no entanto não estar muito longe de vossa morada; em consideração de vossos méritos, espero que o Bom Deus me fará a graça de participar de vossa glória, do mesmo modo que sobre a terra a irmã de um conquistador, embora fosse ela desprovida dos dons da natureza, participe apesar de sua pobreza das honras prestadas a seu irmão (CT 226, O.C., p. 588-590).

É todo reto o pequeno caminho, porque assume o caminho da misericórdia e da justiça. Por que será que muitas vezes desfiguraram teu semblante de Pai? Tu pareceste a alguns um Deus intransigente, o Deus sem coração, o Deus que arma laços para o homem. Esqueceram que eras e és o Deus de ternura que perdoa e tem piedade. Certamente exiges contas de cada um de teus filhos, para que eles possam, diante de tua face de amor, reler sua história; mas esta releitura será feita realmente na leitura em ti, na pesagem de amor que me darás nesta hora. Não poderemos ter certeza de ter sempre compreendido tua misericórdia. Isso não é um convite para deixar as coisas correr, pois isso já não seria o amor.

"Da sua plenitude todos nós recebemos graça sobre graça" (Jo 1,16) pois "Deus amou tanto o mundo que lhe entregou o Filho Unigênito para que todo aquele que crer nele, não pereça mas tenha a vida eterna" (Jo 3,16). O Filho foi dado ao mundo "para que o mundo seja salvo" (cf. Jo 3,17). Vejam o que deve tomar conta de nós, o dom da vida, o dom do amor de nosso Deus para que sempre vivamos nele.

Sim, o Senhor é todo justiça, no infinito de seu ser; mas sua justiça está ligada de modo indefectível à sua misericórdia. É verdade, ele coloca o homem diante de suas responsabilidades porque o respeita em sua liberdade do sim ou do não; mas, ao mesmo tempo, ele lê as intenções profundas do coração de seus filhos e põe em evidência o bem realizado. Deus é justo porque é a verdade. E como é justo, é misericórdia. *"Deus deu-me sua misericórdia infinita e é através dela que contemplo e adoro as outras perfeições divinas. Então todas me parecem radiosas de amor, mesmo a Justiça parece-me revestida de amor"* (MsA, 83v.). Como estamos longe de tantas falsas concepções da justiça de Deus, do Deus que faria pagar caro os culpados que somos, até o último centavo. Jesus ofereceu-se até ao extremo do amor sobre sua cruz para que fosse liquidada a dívida do homem. Isso é para todos um apelo premente a se deixar perdoar, a se deixar restaurar no amor. "*Que doce alegria pensar que o Bom Deus é Justo, isto é, que leva em conta nossas fraquezas, que conhece perfeitamente a fragilidade de nossa natureza*" (MsA, 83v.). Diante dele, não somos senão um pequenino grão de pó. Ele não o afasta com as costas da mão; ele o contempla com seu olhar de amor que faz do grão de poeira um grão luminoso de amor. Então o Senhor pode dizer: "Eu te desposarei para sempre; eu te desposarei na justiça e no direito, no amor e na ternura. Eu te desposarei na fidelidade e conhecerás o Senhor" (Os 2,21-22).

O pequeno caminho não é um caminho de temor e de medo, mas senda de confiança e de amor. "O amor pega e expulsa o temor" (cf. 1Jo 4,18). "*O Pai quer que eu o ame porque ele me remiu, não apenas muito, mas totalmente. Ele não ficou esperando que eu o ame muito... mas quis que eu soubesse como ele me tinha amado com um amor de inefável previdência, para que agora eu o ame loucamente*" (MsA, 39r.). Com efeito, aquele que teme a justiça de Deus vê-se apenas em seu negativo, enquanto que aquele que crê na misericórdia em Deus se vê no positivo. Mas para crer na misericórdia, é preciso que nos saibamos amados por Deus até à loucura, e responder ao seu amor até nossa total capacidade de amar.

Existem ainda obras espirituais que mostram o Adversário apoderando-se da multidão, como se fosse dela se apropriar. Ao contrário, há outras que ignoram o Adversário, como se ele não mais estivesse no caminho dos homens. Mas não é o Adversário que traça nosso caminho; nós seguimos o traçado por Deus. A técnica do combate nos é fornecida no livro da palavra de Deus e no livro da vida, onde está inscrita a história de todas as testemunhas de Deus. E além da técnica, nós aí leremos primeiramente os horizontes infinitos abertos para nós pelo amor misericordioso de nosso Pai. Os belos livros eruditos estão longe de ser inúteis. Eles abrem os sulcos para nos facilitar uma leitura profunda. Mas o pequeno não vê tão longe. Seu pensamento não sabe raciocinar. Mais simplesmente, mergulha nos raios do amor que o Deus de amor lhe envia. O pequenino não está jamais privado da luz e da graça. Jesus não disse: "Deixai vir a mim as criancinhas e não as impeçais, pois delas é o reino de Deus" (Lc 18,16)? É na vida daquele que é pequeno que o Senhor pode fazer brilhar sua misericórdia. *"Porque eu era pequena e fraca, ele se abaixava até mim e me instruía secre-*

tamente sobre as coisas de seu Amor" (MsA, 49r.). Como poderá alguém ter medo de um Deus que se abaixa até nós, de um Deus que em Jesus se fez homem para vir "procurar e salvar o que estava perdido" (Lc 19,10)? Como não se deixar tocar o coração por nosso Deus, Deus de ternura e de fidelidade, Deus de misericórdia e Deus de piedade, Deus cuja misericórdia se estende de geração em geração?

Se ainda estamos longe de caminhar desse modo, não paremos no caminho. Prossigamos até admitir nossa fraqueza. *"Ó Jesus, como eu poderia dizer a todas as pequenas almas quanto é inefável a tua condescendência... sinto que se, por impossível que fosse, encontrasses uma alma mais fraca, menor que a minha, teu prazer seria cumulá-la de favores maiores ainda, se ela se abandonasse com inteira confiança à tua misericórdia infinita"* (MsB, 5v.). Tudo está nisso, no abandono de nós mesmos, na entrega a tua misericórdia e não no olhar de tristeza sobre nossos limites e nossas pobrezas, que nos fechariam em nós mesmos. *"O amor misericordioso do Senhor deseja abrasar as almas"* (MsA, 84r.). Deixemos o fogo da misericórdia consumir nossas faltas, para surgirmos em pé na luz. Pois somos feitos para a luz e para a vida. “Eu vim para que as ovelhas tenham vida e a tenham em abundância” (Jo 10,10). A vida no reino futuro, no reino da luz de nosso Deus, lá se revelarão a justiça e a misericórdia. Certeza que nos vem de Jesus. “Pai, quero que os que me deste estejam também comigo onde eu estiver, para que vejam a minha glória, que me concedeste” (Jo 17,24). “Na casa do Pai há muitas moradas” (Jo 14,2), tantas quantas as alegrias do amor no coração dos filhos de Deus. Morada onde o pequenino experimenta o que a justiça e a misericórdia do Pai fizeram por ele. Morada onde haverá lugar somente para a adoração, o louvor e a ação de graças. E como não dar as mãos a nossos irmãos na santidade, que nos maravilham, para assim nos aproximar de sua própria morada. A comunhão dos santos existe.

E se sabemos ler a misericordiosa ternura de Deus no hoje de nossa vida, podemos, nós também, começar a escrever a história de nossa alma, isto é, *“começar a cantar o que deverei repetir eternamente: as Misericórdias do Senhor” (*MsA, 2r.).

CONSUMIR A VIDA NO AMOR

Agradeço-vos, ó meu Deus, todas as graças que me tendes concedido, particularmente por me haverdes feito passar pelo cadinho do sofrimento. É com alegria que vos contemplarei no último dia trazendo o cetro da Cruz, pois vos dignastes fazer-me participante desta Cruz tão preciosa, espero no Céu tornar-me semelhante a vós e ver brilhar sobre meu corpo glorificado os sacros estigmas de vossa Paixão...

Depois do exílio desta terra, espero ir gozar de vós na Pátria, mas não quero acumular méritos para o Céu, quero trabalhar somente por vosso amor com a única intenção de vos agradar, de consolar vosso Sagrado Coração e de salvar almas que vos amarão eternamente.

Ao entardecer da vida, comparecerei diante de vós de mãos vazias, pois não vos peço, Senhor, que leveis em conta minhas obras. Todas as nossas justiças têm manchas aos vossos olhos. Quero, pois, revestir-me de vossa própria Justiça e receber de vosso Amor a posse eterna de vós mesmo. Não quero outro Trono e outra Coroa que vós, ó meu Bem Amado!

A vossos olhos o tempo não é nada, um só dia é como mil anos, vós podeis pois num instante preparar-me para comparecer diante de vós...

Para viver num ato de perfeito Amor, eu me ofereço como vítima de holocausto a vosso Amor misericordioso, suplicando-vos que me consumais sem cessar, deixando transbordar em minha alma as ondas de ternura infinita que são reconcentradas em vós e que assim me torne mártir de vosso Amor, ó meu Deus!...

Que esse martírio depois de me preparar para comparecer diante de vós faça-me enfim morrer e que minha alma suba sem demora para o eterno abraço de vosso Misericordioso Amor...

Quero, ó meu Bem Amado, a cada pulsação de meu coração renovar-vos esta oferenda um número infinito de ve-

zes, até que, dissipadas as sombras, eu possa vos expressar meu Amor num face-a-face Eterno! (Pri 6, fim do Ato de Oferenda, O.C., p. 963-964).

Consumar-se, como a boa acha de lenha para o fogo que deu todo o seu calor. Deixando-se consumir pelo fogo, trouxe um doce calor para todos. Isso é tudo o que se esperava dela. Eis que cada um de nós aprendemos a nos deixar consumir sem cessar no caminho do amor, *"deixando transbordar em nossa alma as ondas de ternura infinita que estão em vós, Senhor*" (Pri 6). Como a chama tem necessidade de ar para queimar, assim tenho necessidade do oxigênio do amor lá do alto, para ser consumida no amor. Como a chama de amor foi vivificada sobre a cruz pelo amor mútuo do Pai e do Filho, assim também para passar pelo cadinho do sofrimento tenho necessidade de tua chama de amor, ó meu Deus! As cruzes estão presentes em meu caminho, mas são carregadas à medida de meu amor. É a medida do amor que constitui minha força, essa que recebo de teu desmedido amor. Tu me chamas, realmente, em teu seguimento: "Progredi na caridade segundo o exemplo de Cristo, que nos amou e por nós se entregou a Deus como oferenda e sacrifício de agradável odor" (Ef 5,2). "Vivei, pois, em Cristo Jesus, o Senhor, assim como o recebestes, arraigados e fundados nele" (Cl 2,6-7). A última palavra de Jesus ao término de seu serviço de amor foi: "Tudo está consumado" (Jo 19,30). O discípulo segue o mestre. Como ele, consome sua vida no amor e a consuma na glória da ressurreição.

Como o mestre, ele a consome do começo ao fim do dia na firme esperança da plenitude do amor. "*Um dia, tenho esperança, Águia adorada, tu virás procurar teu pequeno pássaro e levantando vôo com ele, rumo à fornalha do Amor, tu o mergulharás para toda a eternidade no ardente abismo deste Amor ao qual ele se ofereceu como vítima*" (MsB, 5v.). Seremos consumidos porque seremos submergidos no abismo de amor de nosso Deus. Todas as escórias do percurso terrestre terão desaparecido no fogo de amor do Senhor.

Tal é o caminho: assumir o terrestre deixando-se atrair para o eterno. "*O que me atrai para a Pátria dos Céus é o apelo do Senhor, é a esperança de o amar enfim como tanto desejei e o pensamento que poderei fazê-lo amar por uma multidão de almas que o bendirão eternamente*" (CT 254). Depois de haver "buscado no Espírito nossa plenitude" (cf. Ef 5,18), como poderíamos ficar isolados no reino de amor. Amar e fazer amar é a norma para a nossa caminhada e para a vida na plenitude de Deus. Para vivê-la, com nossa pequenez, bradamos a Jesus: *"Consumi vosso holocausto pelo fogo de vosso divino Amor"* (MsA, 84r.). Apenas minha chama não é suficiente. Se nos foi dito: "Meus filhinhos, não amemos com palavras nem de boca, mas com obras e verdade" (1Jo 3,18), é para que possamos verificar nosso amor e não para medir o peso de nossos méritos e de nossos atos. Quem se procura no amor não ama profundamente. Somente o amor para o Senhor é a dinâmica de nosso percurso. Agradar-lhe é a única expressão de nosso amor verdadeiro, porque ele disse: "Maior felicidade é dar que receber" (At 20,35). Vivendo o dia-a-dia na generosidade do amor, participaremos na obra salvífica daquele cuja vida toda não foi senão amor, desde o nascimento até a cruz, Jesus.

E como aparecer diante de ti, Senhor? Com as mãos cheias, assim é que deveria ser. As mãos cheias de tudo que tiver realizado por ti e por meus irmãos em ti, não será esta a prova real do amor? As mãos vazias, diz Teresinha. *"As mãos vazias de todas as minhas obras"* e de nenhum modo agarradas no que realizei. As mãos vazias e abertas para que o Senhor, *"no côncavo de nossas mãos abertas, possa colocar a pérola de seu amor"*. O que apresentar ao Senhor, senão seu próprio dom de amor que tivermos feito crescer pelo seu poder de amor. Oferecer Deus a Deus em nossas mãos abertas, com um coração livre e um amor de fogo, o do Espírito. Não seria esta a vida do céu? Contemplar em nossas mãos abertas todos os dons de amor de nosso Deus para lhos oferecer e lhe render graças sem cessar no reconhecimento de amor.

Caminho da terra, sobre o qual caminhamos, fascinados por Jesus, o sol de amor. *"Ó Verbo divino, és a Águia adorada que amo e que me atrai, és tu que lançando-te em direção desta terra de exílio quiseste sofrer e morrer para atrair as almas até ao seio da Eterna Fornalha da Trindade Bem-aventurada"* (MsB, 5v.). Se Jesus percorreu o caminho do Pai em direção aos homens, é para que os homens possam percorrer o caminho da terra para o Pai.

Atração da graça que nos é dada para tender em direção do objetivo, uma vez que recebemos "a força de compreender, com todos os santos, a largura, o comprimento, a altura e a profundidade", de maneira a conhecer "o amor do Senhor que ultrapassa todo conhecimento" (cf. Ef 3,18-19). Compreender para conhecer, conhecer para amar, amar na consumação do amor.

Se nos falta o vigor no percurso, não será porque nos falta o único verdadeiro desejo que dá sentido à caminhada: o do reencontro eterno do amor no término da vida? É tão fácil ficar preso no que é terrestre e não mais avançar. Mas seria desastroso viver como se tivéssemos chegado ao fim. Na eternidade não existe tempo. Mas depois que tu, Jesus, que tu inscreveste tua vida de homem em nosso tempo, tu nos revelaste sua seriedade. Não percamos tempo. Aproveitemos o tempo pelo desejo, o desejo de ver a Deus e de partilhar sua comunhão de amor.

"Tenho só um desejo, o de vos ver, ó meu Deus.

Morrer por vosso amor, nada mais quero.

Desejo morrer para começar a viver.

Desejo morrer para unir-me a Jesus"

(RP, 3, 20v., 21r.).

É, pois, necessário que seja destruído este corpo mortal para que penetremos no face-a-face do amor, sem que termine jamais esta alegria. Somente um desejo tem valor para avançar na caminhada é: "*o de amar até morrer de amor*" (MsC, 7v.), até ser consumido no amor.

Mas nós nos consumimos pouco a pouco, como organismo que progressivamente vê suas forças declinar. Essa é uma forma de martírio como o podemos expressar. Esse é o martírio do amor quando o ser é totalmente purificado de si mesmo e penetrado do amor eterno. Misericordioso amor do Senhor que desperta em nós o impulso do amor. Isso não se improvisa na última hora, mas se vive no gota-a-gota do tempo, nos impulsos renovados do amor e de oferenda, no acolhimento das múltiplas graças de amor. "*A única graça que desejo é que minha vida seja triturada pelo Amor*" (MsC, 8v.) quando tudo o que é terrestre tiver sido assumido por amor e consumido no amor. Então se abrirá para nós o eterno dia de Deus, dia de luz sem ocaso, quando repetiremos para o Senhor nosso amor, no eterno face-a-face do amor. E na ação de graças do percurso terrestre terminado, poderemos apenas dizer: "*Não me arrependo de me haver entregado ao Amor*" (DE, 30.9).